Peter Balscheit-von Sauberzweig
Walter Gasser-Ruchat
Catherine Habegger
Constantina Haefliger-Manika
Vera Kling
Marianne Sponagel Zopfi

SCHEIDUNG
MEINE ELTERN TRENNEN SICH!

Mit Zeichnungen von Magi Wechsler

4. vollständig überarbeitete Auflage 2000

verlag pro juventute

DIE AUTORINNEN UND AUTOREN

Peter Balscheit-von Sauberzweig Dr. jur., Bezirksgerichtspräsident und Familienmediator SVM, verheiratet in zweiter Ehe, ein Sohn aus erster Ehe. ‹Es macht mir zu schaffen, wenn Menschen sich vor Gericht nicht ernst genommen fühlen, weil die Justiz sich an durchschnittlichen Modellen, statt an den konkreten Lebenslagen und Bedürfnissen der Betroffenen orientiert. Mein Grundanliegen ist die Hinwendung des Rechts zu den konkreten Individuen und ihren einzigartigen Problemen.›

Walter Gasser-Ruchat Familien- und Paartherapeut. In eigener Praxis tätig. ‹Ich bin jedesmal beeindruckt, wenn Eltern es schaffen – trotz Schmerz, Wut und Trauer –, die Partnerrolle von der Elternrolle zu entflechten, und beginnen, einigermassen tragfähige Vereinbarungen zu treffen, die es dem Kind erlauben, auch nach der Scheidung einen gelebten Kontakt zu beiden Eltern aufzubauen.›

Catherine Habegger Sozialarbeiterin und Familienberaterin. ‹Ich arbeite seit 15 Jahren mit Familien in Scheidung und mit Menschen, die sich versöhnen wollen. Ich habe als Kind selbst die Scheidung meiner Eltern miterlebt. Ich möchte gerne als Betroffene und als Fachfrau meine Erfahrungen zur Verfügung stellen, um Kindern und Eltern Mut zu machen, sich auch in dieser Situation selbst zu helfen und das Beste daraus zu machen.›

Constantina Haefliger-Manika Dr. phil. Psychologin, Paar- und Familientherapeutin. In eigener Praxis tätig. ‹In der Zusammenarbeit mit der Familie und Teams macht es grosse Freude mitzuerleben, wie es Menschen gelingt, manchmal aus Konfliktstoffen wahre ›haute coutûre‹ – Meisterwerke – zu schneidern.›

Vera Kling Dr. phil., Diplom-Psychologin, Psychotherapeutin, Paar- und Familientherapeutin. In eigener Praxis tätig. ‹Als Ehefrau und Mutter war ich selbst an dem täglichen Balanceakt von Eltern beteiligt zwischen Einmischung und Freilassen, Verbünden und Distanzieren. Als Therapeutin und als Gutachterin erlebe ich vor allem den Kummer und die speziellen Schwierigkeiten, die Familien aus der Trennungs- und Scheidungssituation erwachsen.›

Marianne Sponagel Zopfi Sozialarbeiterin, Paar- und Familientherapeutin und Mediatorin in eigener Praxis, in zweiter Ehe verheiratet, mit Erfahrungen als Mutter, Pflegemutter und Stiefmutter. ‹Durch die Mitarbeit an diesem Buch habe ich erneut erfahren, wie klärend und bereichernd, aber auch schwierig und schmerzlich die Auseinandersetzung mit diesem Stück Lebensgeschichte ist. Auch nach vielen Jahren geht es immer wieder neu darum, innerlich loszulassen und zum Entscheid ja zu sagen.›

Scheidung – Meine Eltern trennen sich!

Lektorat:	Katja Bluntschli
Gestaltungskonzept:	Michel Fries
Illustrationen:	Magi Wechsler
Umschlagfoto:	Reto Klink
Satz und Druck:	BuchsDruck AG, Buchs SG

4. vollständig überarbeitete Auflage 2000
ISBN 3-7152-1001-X

INHALTSVERZEICHNIS

LIEBE KINDER

Liebe Leserinnen und Leser

sicher habt ihr euch schon gefragt, wie es wohl Kindern geht, deren Eltern sich scheiden lassen. Was erleben sie? Wie reagieren sie? Aber auch: Was lernen sie dabei?

Wenn Eltern sich oft streiten und nicht mehr zusammen leben wollen, geht in den meisten Familien eine Zeitlang alles drunter und drüber. Kinder wissen dann oft nicht, was sie tun sollen. Sie erleben vieles, worüber sie mit niemandem reden können. Die Eltern sind mit sich selber beschäftigt und haben wenig Zeit für sie. Und mit Kameradinnen und Kameraden mögen sie nicht darüber reden, weil sie diese nicht belasten wollen oder weil es bei denen zuhause anders ist und sie vielleicht nicht verstehen würden, warum man so traurig oder wütend oder durcheinander ist.

Wir wissen, dass diejenigen Kinder, welche das gleiche erleben oder erlebt haben, einander am besten verstehen. Darum lernt ihr in diesem Buch solche Kinder kennen. Diese und noch viele andere Kinder haben uns bei diesem Buch geholfen. Dafür danken wir ihnen allen ganz herzlich.

Für fast jedes Kind ist die Scheidung seiner Eltern eine schlimme Zeit. Sie bringt sehr viel Schmerz, Trauer, Kummer und Wut mit sich. Du fühlst dich alleine und ungeliebt. Dieses schlechte Gefühl ist in dieser Situation nicht zu vermeiden. Es ist jedoch nicht so, dass deine Eltern dich nicht mehr lieb haben. Sie empfinden einfach selber sehr viel Leid und Kummer. Wir wissen, dass du es sehr schwer hast, dich in dieser Zeit zurechtzufinden. Wir wissen jedoch auch, dass du – auch wenn du das jetzt noch nicht glauben kannst – ebenfalls sehr davon profitieren wirst. Du wirst sehen, dass du – wenn es überstanden ist – stärker und selbstständiger sein wirst. Kinder aus Scheidungsfamilien haben anderen Kindern die Erfahrung voraus, dass es möglich ist, eine so schwierige Zeit zu überstehen. Ja, dass man sogar etwas Gutes daraus machen kann.

Wenn ihr nun dieses Buch lest, geben wir euch den Rat: Lest nur, wenn ihr Lust dazu habt und wenn es euch interessiert; ihr müsst nicht! Es gibt Zeiten, in denen ihr nichts davon wissen wollt. Ihr könnt es auch weglegen und erst später wieder hervorholen. Lest es, wie es für euch am besten ist: Ihr könnt es für euch ganz alleine durchgehen und bearbeiten. Ihr könnt es aber auch anderen zeigen oder mit jemandem zusammen anschauen (mit Vater, Mutter, einem Freund, einer Freundin ...). Ihr könnt selber entscheiden, welche Stellen ihr am liebsten lesen und ausfüllen möchtet. Wir können euch nur sagen, dass dieses Buch euch am meisten helfen und euch vieles leichter machen wird, wenn ihr **möglichst viel selber ausfüllt.** Ihr könnt auch eine Geheimschrift brauchen, wenn ihr nicht wollt, dass jemand anders liest, was ihr hineingeschrieben habt.

Uns nimmt es wunder, wie euch dieses Buch gefällt. Wenn ihr Lust habt, könnt ihr uns einen Brief schreiben. Ihr könnt uns auch Fragen stellen, wenn ihr noch etwas wissen möchtet.

Unsere Adresse:
Marianne Sponagel Zopfi
Mitteldorf 25
4305 Olsberg

Nun wollen wir euch noch die «Hauptpersonen» dieses Buches vorstellen: die Familie Tausend. (Sie heisst so, weil es tausende von Familien gibt, in denen die Eltern sich scheiden lassen.) Fangen wir bei den Jüngsten an:

Dies ist Anna Tausend, genannt «Klein-Anna», weil sie erst 3½ Jahre alt ist. Ihr Hobby ist Kuchenessen (am liebsten hat sie Schokoladekuchen).

Hier seht ihr Fabian Tausend. Er ist 12 Jahre alt, besucht also die 5. Klasse. Seine Hobbys: Fussball, Pfadi, Bingo.

Sophie Tausend. Sie wird bald 16 und besucht die Sekundarschule. Ihre Hobbys: Musik, Walkman, Disco, Kollegen und Kolleginnen.

Nicht zu vergessen ist Bingo. Er ist 4 Jahre alt, seine Hobbys: im Schnee herumtollen und Pantoffeln zerbeissen.

Frau Tausend, die Mutter von Sophie, Fabian und Klein-Anna, ist 39 Jahre alt. Zuerst ist sie Hausfrau, später wird sie in einer Modeboutique als Verkäuferin arbeiten. Sie ist sportlich, hat gerne Fremdsprachen (Englisch).

Herr Tausend, der Vater, ist eher ein gemütlicher Typ. Er raucht gerne seine Pfeife. Er ist gesellig und daher viel mit Kollegen zusammen. Er ist 43 Jahre alt und arbeitet bei der Post.

Ferner kommen
noch vor:
Grossmama und Grosspapa
(die Eltern von Frau Tausend)

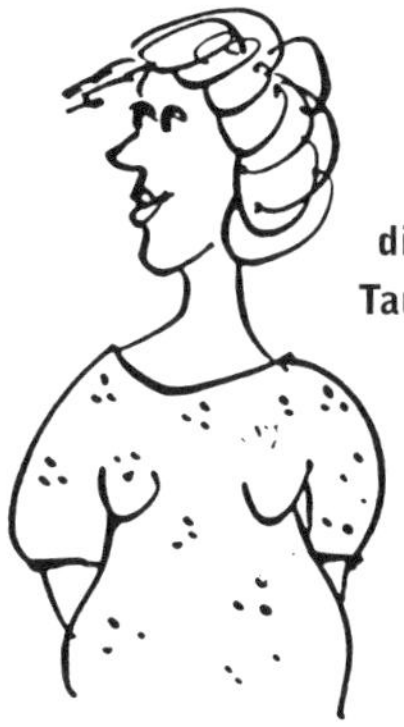

Silvia Neukomm,
die zweite Frau von Herrn
Tausend. Sie hat viel Spass
an ihrem Beruf als
Bibliothekarin und auch
sonst viele
Interessen.

Herr Hugo Gut, zweiter Mann
von Frau Tausend, und
sein Sohn Bastian
(10 Jahre alt). Sie
heissen «Gut»,
weil Stieffamilien
andere, aber
auch gute
Familien sind.

Lisa Richtig, die Mutter von
Bastian. Sie hat die gemeinsame
elterliche Sorge mit Hugo Gut,
dem Vater von Bastian. Weil
Bastian bei seinem Vater lebt,
konnte sie noch eine Ausbildung
machen. Sie ist momentan
verreist. Deshalb können wir
hier kein Bild von ihr zeigen.

Ihr werdet in diesem Buch miterleben können, wie Herr und Frau Tausend sich scheiden lassen und wie es Sophie, Fabian und Klein-Anna dabei ergeht.

Zwischen der Geschichte von Familie Tausend lassen wir auch die von uns befragten Kinder zu Wort kommen. Wenn diese Zeichnung auftaucht, heisst das, dass die Kinder, welche an unserer Umfrage teilgenommen haben, zu Wort kommen.

Kommt hingegen dieses kleine Bild vor, heisst das, dass ihr hier selber etwas ausfüllen könnt.

Am Schluss von jedem Kapitel geben wir euch Ratschläge und Tipps, wie ihr euch am besten verhalten könnt. Viele dieser Tipps haben wir von anderen Kindern erhalten. So, nun wisst ihr alles Wichtige. Es kann losgehen!

MEINE FAMILIE – DEINE FAMILIE

Was ist eigentlich eine Familie? Was denkst du? Hier kannst du aufschreiben, was du denkst.

Eine Familie ...

Manche Leute meinen, dass eine Familie immer aus Mutter, Vater und Kindern besteht, die alle in der gleichen Wohnung leben. Wie die Familie Honegger, welche hier abgebildet ist, oder unsere Familie Tausend auf der anderen Seite. Es gibt aber ganz verschiedene Familien, wie es auch ganz verschiedene Menschen gibt: hell- und dunkelhäutige, grosse, kleine, dicke, dünne ...

In der Familie Nussbaumer gibt es zum Beispiel drei Erwachsene, weil nämlich noch die Grossmutter dort wohnt! Der Grossvater ist vor ein paar Jahren gestorben, und seither lebt sie bei Nussbaumers. Sie gehört jetzt auch zur Familie. Manchmal wohnen sogar beide Grosseltern mit Mama, Papa und den Kindern zusammen, manchmal auch ein Onkel oder eine Tante. Und jedesmal entsteht wieder eine andere Familie! Aber auch mit den Kindern kann es ganz verschieden sein.

Dies ist die Familie Landolt mit ihren «Orgelpfeifen».

Andere Eltern wiederum haben nur zwei Kinder oder vielleicht nur eins:

Bei Familie Imhof ist es noch einmal anders:

Herr und Frau Imhof haben nämlich zwei eigene Kinder, Markus und Lukas. Jeden Tag, ausser Samstag und Sonntag, kommen aber noch Dario und Sarah zu ihnen. Ihre Eltern arbeiten beide, und deshalb können Sarah und Dario bei Imhofs essen, spielen, Aufgaben machen und ab und zu sogar schlafen. Markus und Lukas sagen, dass Dario und Sarah «halb zur Familie gehören». Dario und Sarah haben also eine Familie und eine Tagesfamilie!

Manchmal wohnt ein Kind auch ganz bei einer anderen Familie, weil es nicht anders geht. Dieses Kind hat dann zwei Familien: eine «Hauptfamilie» bei den eigenen Eltern und eine Pflegefamilie.

Es gibt auch Familien, in denen nur ein Erwachsener mit den Kindern zusammenlebt. Bei der Familie Loosli zum Beispiel ist etwas ganz Trauriges passiert. Frau Loosli, die Mutter von Karin und Stefanie, ist nämlich vor zwei Jahren gestorben. Jetzt haushaltet Herr Loosli allein mit seinen beiden Töchtern.

Oft leben Kinder nur entweder mit Mutter oder mit Vater zusammen, weil die Eltern sich getrennt haben oder geschieden sind.

Familie Weber ist auch eine Familie, und zwar eine Scheidungsfamilie. Obwohl Herr Weber ausgezogen ist und eine eigene Wohnung hat, bleibt er immer noch der Vater von Lilly und Raffael. Sie besuchen ihn oft in seiner Wohnung.

Jetzt musst du aufpassen, es wird nämlich kompliziert! Bei Familie Stadelmann sieht es so aus: Herr und Frau Stadelmann sind geschieden. Herr Stadelmann ist in eine andere Wohnung umgezogen und hat später eine andere Frau geheiratet. Mit ihr zusammen hat er jetzt ein Baby. Lea, Thomas und Filipp gehören jetzt zu **zwei** Familien:

Sie sind mit der Mutter zusammen eine Familie.
Sie gehören auch zur neuen Familie ihres Papa. Das kleine Baby ist ihre Halbschwester.

Es kann sogar **noch** komplizierter sein:

Preisfrage:

1. Wieviele Eltern haben Christine und Ian?
2. Wieviele Geschwister haben sie?
3. Wieviele Geschwister hat Caroline?

ANTWORTEN:

– Sie haben zwei Eltern (und zwei Stiefeltern).
– Sie haben je ein Geschwister (unter sich) und in jeder Familie je ein Halbgeschwister.
– Keines, sie hat zwei Halbgeschwister (Ian und Christine).

Hier wollen wir dir kurz einige Wörter erklären, weil sie in diesem Buch oft vorkommen werden:

Deine **leibliche Mutter** oder kurz: **deine Mutter** ist die Frau, die dich geboren hat. Deine Mutter wird immer deine Mutter sein, es gibt sie nur einmal!

Deine Stiefmutter ist die zweite Frau deines Vaters. Sie hat dich nicht geboren, aber als Frau deines Vaters wird sie wichtig für dich sein. Sie ist etwas ganz anderes als deine leibliche Mutter.

Dein **leiblicher Vater** hat dich mit deiner Mutter zusammen gezeugt. Er war also mit deiner Mutter zusammen, **bevor** du auf die Welt kamst. Dein Vater wird immer dein Vater sein; es gibt ihn nur einmal!

Dein **Stiefvater** ist der neue Mann deiner Mutter. Er ist also **nach** dir dazugekommen. Er hat dich nicht gezeugt, aber als Mann deiner Mutter wird er wichtig für dich werden.

Stiefschwester oder Stiefbruder sind Kinder, welche durch eine Heirat in die Familie kommen. Sie sind nicht mit dir verwandt.

Halbschwester oder Halbbruder haben entweder den gleichen Vater oder die gleiche Mutter wie du. Sie sind also mit dir verwandt.

Stiefmutter, Stiefvater, Stiefkinder sind Namen, die vielleicht zuerst ein sehr unangenehmes Gefühl wecken, weil sie zum Beispiel in den Märchen böse Menschen bezeichnen. Heutzutage bedeutet jedoch «Stiefmutter» nur die Frau oder Freundin eines Vaters.

Der Stieffamilie sagen wir heute Patchwork-Familie. Patchwork ist englisch und bedeutet, dass aus vielen verschiedenen Teilen etwas Neues zusammengesetzt wird. Eine Patchwork-Familie ist also zusammengesetzt aus Kindern und Eltern, die früher nicht zusammen in einer Familie gelebt haben.

Merke dir: Es gibt zwei Dinge, die eine Familie ausmachen können:

1. Eine Familie sind Erwachsene und Kinder, die miteinander verwandt sind, egal ob sie miteinander leben oder nicht.

2. Eine Familie können auch diejenigen Erwachsenen und Kinder sein, welche am gleichen Ort zusammenleben. Die Eltern oder Stiefeltern müssen nicht unbedingt miteinander verheiratet sein, um eine Familie zu gründen.

JEDE FAMILIE HAT IHRE VORTEILE UND IHRE NACHTEILE

Willst du wissen, welche Familie nun die beste ist? Das ist nicht so einfach, weil **nämlich alle Familien ihre guten und schwierigen Seiten haben.** Heute gibt es viele verschiedene «normale» Familien, und keine ist besser oder schlechter als die andere.

Bei Landolts mit ihren vielen Kindern geht es sicher oft sehr lustig zu und her. Es läuft viel unter den Geschwistern; immer ist jemand zum Spielen da. Dafür haben die Kinder nur selten Mama oder Papa für sich allein; immer sind andere da. Julius wiederum kann viel mit Papa und Mama alleine unternehmen. Dafür ist es ihm vielleicht manchmal langweilig, und er muss zu seinen Kameradinnen und Kameraden gehen, wenn er mit jemandem spielen will.

Oder nehmen wir die Familie Nussbaumer mit der Grossmutter. Für die Kinder ist es toll, dass die Grossmutter ihnen so oft Geschichten erzählt, und Mama und Papa können beruhigt ins Kino, weil sie wissen, dass die Grossmutter zu den Kindern schaut. Dafür gibt es für die Eltern mehr Arbeit, weil sie die Grossmutter versorgen müssen, und die Kinder müssen Rücksicht nehmen. Wenn die Grossmutter schläft, dürfen sie nicht laut sein und keine Spielkameraden nach Hause nehmen. Auch müssen die Kinder ein Zimmer teilen, seit die Grossmutter bei ihnen ist.

Es ist auch nicht so, dass Familie Honegger eine bessere Familie ist als Familie Stadelmann, weil die Eltern nicht geschieden sind. Cornelia Honegger (siehe Seite 14) geniesst es sicher, dass sie mit beiden, Mama und Papa, zusammenleben kann. Lea Stadelmann (siehe Seite 19) hat aber dafür drei Erwachsene, die wichtig sind für sie und für sie sorgen. Und sie hat sogar eine kleine Halbschwester bekommen, die sie sehr gern hat! Cornelia fühlt sich wohl und behütet in ihrer Familie, und sie wächst auf, ohne je grössere Probleme in der Familie zu erleben. Lea andrerseits hat die Scheidung der Eltern miterlebt, und sie hat gesehen, dass die Welt deswegen nicht untergegangen ist. Sie ist durch diese Erfahrung sehr stark und selbstständig geworden.

Auch einen anderen Vorteil haben die Kinder Stadelmann: Sie müssen zwar einen ziemlich weiten Weg zurücklegen, um ihren Vater zu besuchen, dafür können sie in den Ferien zweimal verreisen: einmal mit der Mutter und einmal mit dem Vater! Sicher fallen dir noch mehr Beispiele ein. Denk doch mal nach!

Eines ist klar: Es gibt keine Familie, die nur gut oder nur schlecht ist. Alle haben Vor- und Nachteile. Wir können zwar nur das Gute wahrnehmen (das machen die Eingebildeten!) oder nur das Schlechte (das machen die Schwarzseher!), am besten jedoch ist es, wenn wir beides sehen können.

Es kommt nicht darauf an, ob wir in einer so genannt «normalen» oder in einer so genannt «unvollständigen» Familie leben, wir können in jeder Familie einen Weg finden, es gut miteinander zu haben und uns wohl zu fühlen.

DEINE FAMILIE.

Dies ist dein Buch. Hier hast du Gelegenheit, deine eigene Familie vorzustellen. Wer gehört dazu? Und wie alt seid ihr?

Nenne von allen Familienmitgliedern eine Eigenschaft, welche du gerne magst:

Mutter: mir gefällt es, dass ______________________

Vater: mir gefällt es, dass ______________________

__________ mir gefällt es, dass ______________________

__________ mir gefällt es, dass ______________________

__________ mir gefällt es, dass ______________________

__________ mir gefällt es, dass ______________________

Mit wem kommst du gut aus?

____

Warum?

____

____

____

Mit wem kommst du nicht so gut aus?

____

Warum?

____

____

____

Auf der folgenden Doppelseite kannst du deine Familie zeichnen. Du kannst auch Fotos von allen zusammensuchen und aufkleben.

Schreibe hier auf, welche Vorteile es für dich hat, in **deiner** Familie zu leben. Vielleicht fällt dir nicht gleich etwas ein, weil zurzeit wegen der Scheidung deiner Eltern alles drunter und drüber geht und verschiedene Familienmitglieder miteinander zerstritten sind. Versuche es trotzdem! Wenn du länger nachdenkst, kommt dir bestimmt etwas in den Sinn. Es gibt ja in **jeder** Familie auch Gutes!

1. ______________________________

2. ______________________________

3. ______________________________

4. ______________________________

5. ______________________________

____

Hier folgen nun einige Erinnerungen von Kindern, deren Eltern heute geschieden sind. Wir haben sie gefragt:

Wann hast du dich (vor der Scheidung) in deiner Familie am wohlsten gefühlt?

- Wenn wir mit der ganzen Familie nach Tschingel (in der Nähe von Thun), ein kleines Dorf, gingen. Fast jede Ferien waren wir in diesem alten Holzhaus. (Stefan, 15)
- Beim Essen. (Franziska, 16)
- In den Ferien. (Markus, 14)
- Allein in meinem Zimmer. (Manuel, 18).
- Ich erinnere mich an Sommerferien, als wir alle fünf im Segelboot waren, die Eltern hatten sich vorher oft gestritten, doch in den Ferien war dann alles gut, nach den Ferien war leider der alte Streit wieder da. (Eva, 17)
- Wenn ich im Bett lag und Vater und Mutter scherzen, lachen und singen hörte. (Mona, 17)

- Ich fand es gut in unserer grossen Familie, obwohl es mit diesen vielen Kindern immer viel Streit gab. Am schönsten war es, wenn wir alle zusammen etwas unternommen haben, zum Beispiel zelten, wandern, in den Zoo gehen. Das war dann fast immer wie ein Lager. (Martina, 17)
- Wenn Friede herrschte und wir alle zusammen etwas machten, zum Beispiel ein Spiel oder einen Ausflug. (Vera, 12)

Und bei dir?

Gibt es etwas in deiner Familie, worauf du nie verzichten möchtest?

Die anderen Kinder haben gesagt:

- Ich wäre sehr traurig, wenn ich zum Beispiel auf die Geburtstagsfeste von mir, meinen Schwestern und meinen Eltern verzichten müsste, da hat die ganze Familie viel Spass. (Ruedi, 11)
- Ich würde nie auf meinen kleinen Bruder verzichten. (Esther, 12)
- Auf Tschingel, Basel, Kollegen (wir zogen kurz darauf in die Ostschweiz). (Stefan, 15)
- Ich will nie auf Timmy (Meerschweinchen) verzichten. (André, 8)

Und worauf würdest du nie verzichten?

STREIT UND VERSÖHNUNG IN DER FAMILIE

Auf dieser Seite seht ihr, wie sich Familie Tausend um das Fernsehprogramm streitet. Das kommt euch sicher bekannt vor, oder? Es ist ein ganz normaler Streit, wie man ihn wahrscheinlich in jeder Familie antrifft: Jeder möchte etwas anderes, und jeder will seinen Willen oder seine Meinung durchsetzen.

Wir haben verschiedene Kinder – nicht nur solche aus Familien, in welchen die Eltern geschieden sind – gefragt, wer bei ihnen mit wem streitet und warum.

- Ich und meine Schwester, wenn sie nichts zu tun hat und es ihr langweilig ist, dann stichelt sie rum. Das stört mich. (Marcel, 11)
- Ich und mein Bruder, wegen allem. (Maria, 12)
- Meine Schwester und mein Bruder oder umgekehrt wegen sinnlosem Blödsinn. (Käthy, 16)
- Meine Eltern mit mir oder mit meiner Schwester, z. B. wenn wir zu spät nach Hause kommen; manchmal auch meine Eltern unter sich. Hingegen weniger meine Schwester und ich, vor allem in den letzten drei Jahren. (Gabi, 16)
- Die Eltern wegen Meinungsverschiedenheiten. (Philippe, 10)
- Ich und mein Bruder, weil wir etwas teilen müssen. (Nicole, 10)
- Meine Schwester und ich um Sachen oder eine Fernsehsendung. (Marc, 11)
- Es gibt keinen rechten Streit bei uns. Jeder ist einmal sauer. Am nächsten Tag ist das wieder anders. (Walter, 15)

So oder ähnlich wird also in den meisten Familien gestritten! Das ist auch gut so, und es ist auch schön, wenn du dich nachher wieder versöhnen, das heisst wieder Frieden machen kannst, und merkst, dass du nach dem Streit sogar noch besser mit den anderen auskommst. Durch Streiten kannst du zum Beispiel auch lernen, dich besser zu wehren!

Auf unsere Frage: «Findest du, dass ihr weniger streiten solltet?» bekamen wir unter anderen folgende Antworten:

- Nein, man muss sich ja schliesslich irgendwo austoben können, und dies ist bei uns zu Hause, da man sich ja zum Beispiel in der Schule schlecht austoben kann. (Monika, 16)

- Nein, Streit gehört zum Leben. Sonst wären wir keine normalen Kinder. (Jacqueline, 12)
- Ja, eigentlich schon. Streiten nimmt viel Freizeit weg. Aber streiten und sich wehren lernen ist für mich wichtig. (Markus, 11)
- Nein, weil ich es nicht so schlimm finde, wenn wir manchmal ein wenig streiten. (Ruedi, 16)
- Ja. Wie schon gesagt, wir streiten fast nie, denn meine Schwester ist tagsüber auch aus dem Haus, und am Abend habe ich keine Lust zum Streiten. (Bettina, 16)
- Ja, weil wir ja auch nicht gerne haben, wenn die Eltern streiten. (Regine, 10)
- Ja, weil wir meistens eine Strafe bekommen. (Thomy, 11)

VERSÖHNUNG: WIEDER FRIEDEN MACHEN

Nach Streitereien in der Familie ist es eigentlich immer möglich, sich nachher wieder zu versöhnen. Bei jeder Familie wird der Streit aber anders beendet.

WIR HABEN DIE KINDER GEFRAGT, WIE SIE STREIT BEENDEN:

- Entweder sind alle sauer oder wir einigen uns auf einen mittleren Weg. (Tina, 16)
- Wir reden miteinander. Einer muss auch mal nachgeben. Am besten ist es, wenn niemand verliert, wenn alle etwas beitragen müssen. (Hans, 15)
- Meistens ist der Krach am Abend und hört am Morgen wieder auf. (Stefi, 14)
- Indem einer ausrastet und davonläuft. (Andreas, 16)
- Ziemlich gut. Es gibt dann weniger Reizungen, und es verfliegt dann schneller. Bis jetzt ist jeder Streit gut zu Ende gegangen. (Petra, 16)
- Es ist dann sehr ruhig. Niemand sagt etwas. (Dominik, 11)

– Im Streit gibt es einen Höhepunkt, wo wir aufeinander böse sind, und wenn der erreicht ist, machen wir wieder Frieden. Streit gehört auch zu unserer Familie, das stört mich nicht gross. Jeder von uns gibt einmal nach. Jetzt habe ich gemerkt, dass nachgeben manchmal schmerzt, aber es tut auch gut, wenn wieder Friede ist. (Tobias, 11)
– Wenn wir streiten, geht jeder in sein Zimmer und kommt nach einer Weile wieder raus, und dann ist alles wieder vergessen. (Antonia, 12)
– Man spricht miteinander und sucht zusammen einen Mittelweg. (Mona, 16)
– Wie schon gesagt, wir versöhnen uns eigentlich schnell wieder. Höchstens es ist etwas sehr Ernstes, aber spätestens nach ein bis zwei Tagen sind wir wieder fröhlich miteinander. (Manuela, 16)
– Indem wir versuchen, uns ruhig zu verhalten. (Maya, 19)
– Wir hören auf, dann geht es wieder. (Rolf, 10)
– Wir machen Frieden. (Basil, 11)
– Wir reden dann einfach wieder zusammen. (Lena, 10)
– Am nächsten Tag ist alles wieder anders. (Marco, 15)

Streit gibt es eigentlich in allen Familien. Jede Familie hat ihre eigene Art zu streiten: um was gestritten, wie gestritten und wie der Streit aufgelöst wird. In manchen Familien wird oft gestritten, in anderen selten. In manchen Familien geht es sehr laut und heftig zu und her, in anderen Familien streitet man etwas leiser. Es streiten manchmal die Geschwister untereinander, manchmal die Eltern untereinander, manchmal die Eltern mit den Kindern und manchmal auch die ganze Familie. Jede Familie hat auch ihre eigene Art, einen Streit zu beenden und sich wieder zu versöhnen. Es gibt aber noch eine ganz besondere Art von Familienstreit. Hast du auch schon erlebt, dass sich deine Eltern **wegen dir** gestritten haben? Solche Streitereien entstehen oft wegen der Schule, wenn du irgend etwas angestellt hast oder wenn du dich nicht so benimmst, wie es ein Elternteil erwartet usw. Wie es zum Beispiel Mirjam (12) erlebt hat:

«Ich hatte in der Mathe-Prüfung eine ungenügende Note und musste sie zu Hause unterschreiben lassen. Ich wusste genau, was nun passieren würde: Mein Vater würde wieder einmal ausrasten, meine Mutter würde sagen, dass das doch nicht so schlimm sei, und sie würden dann anfangen zu streiten. Und wirklich, so war es dann. Wir hatten den grössten Familienkrach! Und das Schlimmste war, dass ich an allem schuld war...»

Hier kannst du aufschreiben, wann sich die Eltern wegen dir streiten:
Wenn ich...

Diese Art von Streit ist für Kinder besonders schlimm: Sie meinen, sie seien daran schuld, dass die Eltern nun streiten müssen. Darum möchten wir dir hier etwas verraten: Es ist oft so, dass die Eltern eigentlich miteinander streiten wollen. Wenn Mirjam keine schlechte Note nach Hause gebracht hätte, würden ihre Eltern wahrscheinlich über etwas anderes streiten. Nicht nur Kinder, sondern auch Erwachsene, die sich schon viel gestritten haben, geraten sich bei jeder Gelegenheit in die Haare.

Du siehst: **Du bist also nicht immer schuld!** Du kannst ruhig denken: «Wenn die Eltern über meine Noten (zum Beispiel) streiten wollen, so ist das **ihre** Sache. Ich mache jedenfalls in der Schule, was ich kann.»

Vielen Kindern geht es ähnlich wie Mirjam und vielleicht auch dir. Wir haben die anderen Kinder gefragt:

«Haben deine Eltern manchmal wegen dir gestritten?»

- Ja, der Vater hat gesagt, ich müsse das nicht machen, und die Mutter hat gesagt, ich müsse es machen. Und da wusste ich nie, soll ich es machen oder soll ich es nicht machen. (Marcel, 11)
- Ja, das haben sie oft. Ich konnte es nicht gut ertragen, wenn Vater und Mutter gestritten haben. Ich machte dann irgend etwas Dummes, und dann wurden sie auf mich böse. (Karin, 16)
- Bei der Erziehung gab es Meinungsverschiedenheiten. Das war natürlich wegen mir und meiner Schwester. (Margrit, 12)
- Das glaube ich eigentlich nicht. Höchstens etwa, dass Mama fand, Papa kümmere sich zu wenig um uns Kinder. (Lisa, 17)
- Manchmal wegen mir, öfters wegen meines älteren Bruders. (Sabine, 20)

Viele Kinder haben uns gesagt, dass sie sich ganz schlecht fühlen, wenn ihre Eltern wegen ihnen streiten. Vielleicht kennst du das auch. Du bist dann vielleicht traurig oder wütend. Das hast du ja nicht gewollt! Vor allem bist du in solchen Momenten schrecklich allein. Auch wenn du es möchtest, kannst du dann deinen Eltern nicht helfen. Sie können es gar nicht annehmen! Da ist es wichtig, dass du etwas **für dich** tust.

Überlege mal, was du in solchen Momenten tun könntest, damit es dir besser geht:

Ich könnte

Familie Tausend kennst du ja schon. Bei ihnen gibt es seit einiger Zeit eine Art von Streit, der für Sophie, Fabian und auch Klein-Anna irgendwie anders ist und ihnen Angst macht. Es fängt zum Beispiel eines Abends so an:

Tausends sitzen beim Abendessen am Tisch. Die Mutter verkündet: «Heute Abend bin ich dann nicht daheim. Zuerst habe ich Englischkurs, und nachher sind wir noch beim Lehrer eingeladen.» Herr Tausend reagiert ganz komisch und antwortet ziemlich schnippisch. «So? Du bist also schon wieder weg? Und wer wäscht mit den Kindern das Geschirr ab?» «Ist mir doch egal! Ich bin doch nicht eure Abwaschmaschine!», sagt die Mutter heftig und vorwurfsvoll. Sophie und Fabian starren die Eltern ganz entgeistert an. Fabian versucht weiterzuessen, aber plötzlich macht er eine falsche Bewegung und stösst seine Tasse um. Der Kakao fliesst über den Tisch und seine Hose auf den Teppich. Frau Tausend ruft aus: «Aber Fabian! Auch das noch!» Nun mischt sich auch noch Sophie ein und hilft der Mutter: «Das hat er doch extra gemacht», worauf Fabian ihr unter dem Tisch einen Fusstritt verpasst. «Halt du dich doch da draus!» «Halt die Klappe!» Klein-Anna patscht mit ihren Händen auf den ausgeleerten Kakao und ruft: «Fabian Kakao ausgeleert!» Da müssen alle ein bisschen lachen. Frau Tausend springt plötzlich auf: «Ich muss jetzt gehen!» Herr Tausend ruft ihr nach: «Darüber sprechen wir dann noch!» Den ganzen Abend macht Herr Tausend ein wütendes Gesicht, und es ist eine ganz «dicke Luft» um ihn herum. Sophie und Fabian geraten sich noch ein paar Mal in die Haare, worauf der Vater sie ins Bett schickt. Aber Fabian kann nur schlecht einschlafen. Er ist innerlich beunruhigt und durcheinander. Er wacht auf, als er spät abends die Mutter heimkommen hört. Die Eltern reden noch lange laut miteinander. «Sie streiten wieder», denkt Fabian. Er kann nun erst recht nicht mehr schlafen. Je mehr er versucht, nichts zu hören, desto mehr hört er seine Eltern streiten. Ab und zu hört er seinen Vater ganz deutlich, seine Stimme ist laut und drohend. Einmal glaubt er zu hören, dass die Mutter weint. Fabian hat Angst und möchte nichts mehr hören. Er verkriecht sich unter die Decke und schläft dann endlich ein. Am anderen Morgen hat die Mutter ganz rote Augen und spricht fast nichts. Fabian merkt sofort, dass seine Eltern sich nicht versöhnt haben.

So etwas kommt bei Tausends jetzt öfters vor. Die Eltern streiten sich immer mehr, und die Kinder merken, dass etwas nicht stimmt. Sie leiden darunter. Manchmal ergreifen sie Partei – Sophie für die Mutter und Fabian für den Vater. Klein-Anna hält mit ihrer sonnigen Art alles noch etwas zusammen. Es herrscht nur noch selten eine gute Stimmung wie früher.

Dass die Eltern streiten, kommt eigentlich in allen Familien vor. Das ist an sich nicht schlecht (wie beim Geschwisterstreit). Wenn sie dies jedoch sehr oft tun und sich nicht mehr zwischendurch versöhnen, dann ist das etwas anderes. Vielleicht versuchen deine Eltern zwar, nicht vor euch Kindern zu streiten, aber du merkst es ja doch. Das ist noch unheimlicher. Und du fragst dich, was los ist. Wollen sich die Eltern vielleicht scheiden lassen?

Wir haben die Kinder gefragt, wie das für sie ist, wenn ihre Eltern streiten.

– Es ist schade und unheimlich. Es tut mir weh. (Tobias, 16)
– Wenn sie miteinander streiten, ziehe ich es vor, mich zu verdrücken. Ich warte ab, bis sie sich wieder beruhigt haben. Dann versuche ich, darüber zu reden. (Angelika, 19)
– Die Eltern haben sich sehr oft gestritten, und ich fühlte mich schlecht, ich wusste gar nicht, worum es ging. Die Mutter hat geschrien und der Vater hat sich verkrochen und dann hat die Mutter noch lauter geschrien. (Ruedi, 11)
– Ja, es gab Zeiten, da stritten sie sich jeden Abend. Dies war sehr unangenehm für mich, ich hatte dann immer grosse Angst, sie würden sich scheiden lassen. Es ängstigte mich vielleicht auch so, weil meine Mutter oft schwieg und mein Vater nie. Ich hatte immer das Bedürfnis fortzulaufen oder ihnen zu sagen, sie sollen endlich aufhören. (Pia, 17)
– Ja, das war schlimm. Sie haben zu uns Kindern immer gesagt, dass wir nicht streiten sollen. Sie haben nicht so offen gestritten. Tagelang haben sie einander den Kopf gemacht. Es war immer der Vater, der nachgegeben hat. Ich weiss auch nicht warum. (Therese, 16)
– Es gab schon Streit, aber mehr stillen Streit. Grosse Auseinandersetzungen gab es nur beim Fleisch. Meine Mutter war eine Zeitlang sehr extrem, mein Vater ass sehr gerne Fleisch. (Käthy, 19)
– Sie stritten oft. Es war unbequem und blöd. Ich hasste es, wenn meine Eltern sich stritten. Denn sie stritten meist abends, und dann konnte ich nicht einschlafen. (Nadja, 10)
– Am Ende haben sie sich fast jeden Tag gestritten. Ich fand das schrecklich. Ich habe sogar einmal Briefe geschrieben, in denen ich sie bat, aufzuhören mit dem Streit. (Hanna, 15)
– Ziemlich viel. Ich kam mir vor, als ob ich mit in dem Streit bin. (Sonja, 13)

Wie ist das bei **dir?** Streiten deine Eltern oft? Und wie geht es dir dabei?

Du erlebst den Streit deiner Eltern wahrscheinlich als etwas sehr Schweres oder Unangenehmes. Wir wissen, dass es für dich nicht immer einfach ist, solche Streitigkeiten auszuhalten oder am Rande mitzuerleben. Es macht dich wütend, böse oder gar traurig und du weisst nicht mehr, ob man dich jetzt überhaupt noch gerne hat. Versuche jedoch, dich zu beruhigen, wieder einen klaren Kopf zu bekommen und die Sache nochmals zu überdenken. Manchmal braucht es einfach etwas Zeit und Ruhe, bis man wieder miteinander darüber reden kann.

Viele Eltern versuchen, nicht vor den Kindern zu streiten. Aber die meisten Kinder erleben den Streit ihrer Eltern doch mit:

«Warst du dabei, wenn sie gestritten haben?»

- Ja, fast immer. Ich ergriff meistens die Partei meiner Mutter. Mein Vater verwechselte mich später oft mit meiner Mutter. Er war so eklig mit mir wie mit meiner Mutter. (Manuela, 14)
- Ja, ich war sehr viel dabei. Ich hörte sie schreien und rannte aus dem Bett ins Wohnzimmer. Mein Vater sagte uns manchmal etwas und meine Mutter sagte, das stimme nicht. Wenn sie aufeinander los gingen, ging ich dazwischen, und ich sagte immer, sie sollen aufhören. (Nicole, 13)
- Nein, sie stritten immer erst, wenn wir im Bett waren. Da versuchte ich immer ganz still einzuschlafen, das gelang mir aber selten und so hörte ich sie, obwohl ich die Decke über den Kopf gezogen hatte. (Martina, 17)
- Eigentlich fast nie. Sie haben oft gestritten, wenn meine Schwester und ich im Bett waren. Aber gehört haben wir es trotzdem. (Sibylle,14)
- Manchmal war ich dabei. Einerseits war das für mich sehr eklig, andererseits fühlte ich mich dabei wichtig, weil ich auch Stellung beziehen konnte. Ich bekam auch oft ein schlechtes Gewissen – ohne es mir jedoch einzugestehen – weil ich oft gegen meine Mutter Stellung nahm. (Gabi, 20)
- Ja, sie haben manchmal beim Essen gestritten, und dann war ich dabei. Manchmal hätte ich heulen können. (Marianne, 15)

- Manchmal schon, aber dann bin ich lieber gegangen, weil ich das nicht so lustig fand. (Susi, 17)
- Meistens nicht. Ich ging freiwillig weg. (Erika, 12)
- Ja. Ich dachte mir nichts. Ich sass daneben und hörte zu. (Andreas, 11)

Willst du hier einen Streit beschreiben, der dir noch besonders in Erinnerung ist?

Kinder sind sehr einfühlsam und spüren, wenn die Eltern einen Krach hinter sich haben, auch wenn sie nicht direkt dabei waren. Aber oft sagen ihnen die Eltern nichts darüber. Dabei möchten die meisten Kinder gerne mit ihnen über ihren Streit reden. Möchtest **du,** dass deine Eltern dir kurz erklären, dass und warum sie gestritten haben? Wäre dir das lieber, als wenn sie gar nichts darüber sagen? Wenn du mit deinen Eltern über ihren Streit reden möchtest, so sag ihnen das ruhig. Sie sind froh, wenn sie das wissen.

«Was machst du, wenn deine Eltern sich streiten?»

- Kommt darauf an, weshalb sie streiten. Ich gehe weg... (Tanja, 16)
- Ich gehe in mein Zimmer und warte, bis alles wieder gut ist. (Mona, 12)
- Ich helfe dem, der im Recht ist. (Peter, 11)

– Ich gehe weg. (Matthias, 16)
– Ich probiere zu schlichten. (Stephan, 17)
– Ich ziehe mich zurück und probiere, nicht mitzustreiten. Also mich neutral zu verhalten und die Reizungen nicht noch grösser zu machen. (Petra, 16)
– Ich helfe dem, der für mich im Recht ist. (Dominik, 10)
– Ich höre zu. (Markus, 11)
– Ich gehe weg in mein Zimmer und ich weine dann immer, aber ich weiss, dass mein Bruder und ich auch viel streiten. (Daniela, 10)
– Ich blieb meistens zu Hause, damit nicht wieder etwas passierte, ich hatte in dieser Zeit sehr viel Angst vor allem, was passierte. (Karin, 13)
– Ich sagte, sie sollen aufhören und sich zusammenreissen. (Lisa, 13)
– Nichts. (Daniel, 11)
– Ich wollte helfen. (Thomas, 8)
– Ich konnte nichts machen. (Sarah, 10)

Was machst **du?**

«Wem hast du im Streit geholfen?»

– Ich finde, ich konnte niemandem richtig helfen. (Tina, 13)
– Meiner Mutter am meisten. Manchmal tat mir mein Vater Leid, und ich wusste dann nicht mehr, was tun. (Brigitte, 13)
– Beiden. (Jonas, 8)
– Beiden. (Nicole, 10)

– Meiner Mutter. Sie war nicht parteiisch und unterstützte mich meistens. Sie machte selber das, was sie für richtig hielt. Mein Vater hörte irgendwie auch gar nicht richtig zu, und wenn sie etwas sagte, was ihm nicht passte, sagte er gleich, sie sei ja geisteskrank, sie sei ja Alkoholikerin. Solche Sachen! Manchmal bin ich richtig ausgeflippt. (Manuela, 14)

Aus diesen Antworten sehen wir deutlich, wie schwer es für Kinder ist, Partei zu ergreifen. Oft haben sie Angst, dass Vater oder Mutter sie dann nicht mehr gerne haben.

Wem hilfst **du?**

«Konntest du mit jemandem über den Streit deiner Eltern reden? Mit deinen Geschwistern? Mit Freunden/Freundinnen? Mit anderen Erwachsenen?»

– Mit Freunden nicht, weil ich meine Freunde nicht damit belasten wollte. Die hätten das nicht verstanden. (Pierre, 11)
– Ja, mit meiner Freundin Christine kann ich gut reden. Auch mit der Mutter von Christine. (Sandra, 11)
– Nein, nie. Ich war immer völlig allein mit meinem Wissen als Älteste. Andeutungsweise habe ich mit einer Freundin und ihrer Mutter darüber geredet. Ich wollte das Ganze nicht wahrhaben, und ich wollte auch fröhlich sein wie meine Kameraden. Ich hatte das Gefühl, dass

sonst niemand in dieser Situation ist und dass wir die einzige Familie mit diesen Problemen weit und breit wären. (Fabienne, 20)

– Nur mit meinem Grossvater konnte ich darüber reden. (Susanne, 16)
– Mit den meisten Freunden konnte ich nicht so gut reden, weil ich viel lieber mit ihnen rumblödele. Mit ein paar schon. (Lucienne, 17)
– Ich konnte mit meiner Schwester reden. In der Schule nur mit manchen, doch ihre Situation war ganz anders. In der Jugendgruppe konnte ich viel darüber reden, und das hat mir sehr viel geholfen. Ich war oft in einer Familie mit kleinen Kindern, und ich konnte dort Halt finden und Leute, die mir zuhörten. Das war, glaube ich, sehr wichtig für mich. (Esther, 19)
– Ich habe mit meiner Schwester manchmal darüber gesprochen, aber wir waren beide der Meinung, dass es nie so weit kommen würde. (Claudia, 16)
– Ich wollte mit meinen Freunden gar nicht über solche Probleme sprechen, denn wenn diese nicht dasselbe Problem haben, ist es nicht einfach, darüber zu sprechen, da sie irgendwie nicht mitfühlen können. (Annemarie, 18)

Mit wem kannst **du** reden?

Wir möchten dir nun auf Grund unserer Erfahrung noch einige Tipps und Ratschläge für diese Situation geben:

1. Versuche nicht, deinen Eltern zu helfen, wenn sie streiten. Ihr Streit ist wirklich nur **ihre Sache!** Du kannst hier **gar** nichts ausrichten. Du hilfst deinen Eltern am meisten, wenn du es ihre Sache sein lässt, einen Weg aus dem Streit zu finden. Hab Geduld, manchmal brauchen sie lange dafür! Es ist wichtig für dich zu wissen, dass der Streit oft kurzfristig schlimmer wird, wenn du dich draussen hältst. Die Eltern werden auch probieren dich wieder reinzuziehen. Längerfristig lohnt es sich aber für **alle,** wenn du bei Streitereien deiner Eltern nicht mitmachst!

2. Probiere auch nicht, zwischen ihnen zu vermitteln oder den «Briefträger» zu spielen. Sonst wirst du mit der Zeit noch mehr in den Streit hineingezogen und kommst zwischen die Eltern zu stehen.

3. Ergreife nicht Partei für Vater oder Mutter. Getraue dich ruhig, deinen Eltern offen zu **sagen** und zu **zeigen,** dass du dich aus ihrem Streit draussen halten willst. Deine Eltern werden sicher einverstanden sein, wenn du lieber etwas für dich tust. Aber mach dir keine Vorwürfe, wenn du dies nicht schaffst, es ist nämlich sehr schwer.

4. Wir möchten dich sogar vorwarnen: Sehr wahrscheinlich schaffst du es nicht immer dich rauszuhalten. Vielleicht schaffst du es ein paar Mal und dann lässt du dich plötzlich wieder reinziehen. Das geht allen so, weil es etwas so Schwieriges ist! Aber bleib dabei, probiere jedes Mal von neuem dich rauszuhalten. Wir möchten dir dazu Mut machen, weil wir wissen, dass es wichtig ist.

5. Für deine Eltern kannst du also nichts machen, auch wenn es schlimm für dich ist, wenn du zuschauen musst, wie sie streiten. Du kannst jedoch etwas **für dich** tun, das dir gut tut. Du hast nämlich ein Recht darauf, dass es dir trotz allem möglichst gut geht.

Was möchtest du am liebsten für **dich** tun?

- ❑ Fussball spielen
- ❑ in den Wald gehen
- ❑ Tagebuch schreiben
- ❑ Inline skaten
- ❑ in die Jugendgruppe gehen
- ❑ zu Freunden/Freundinnen gehen
- ❑ Freund/Freundin telefonieren
- ❑ in die Disco gehen
- ❑ Sport machen
- ❑ Musik hören
- ❑ E-Mail senden

- ❑ ein Buch lesen
- ❑ ins Kino gehen
- ❑ ______________________________
- ❑ ______________________________

6. Oft ist die Versuchung gross, dass man als Kind irgend etwas Dummes anstellt, wenn die Eltern streiten (wie es Fabian Tausend passiert ist). Aber auch das hilft nicht wirklich. Halte es aus, wenn deine Eltern streiten! Wenn du es nicht fertig bringst (auch dies ist **sehr schwer!**), sprich unbedingt mit einem anderen Erwachsenen darüber, zu dem du Vertrauen hast, zum Beispiel mit deinem Lehrer, mit deinem Paten oder deiner Patin, mit der Mutter einer Freundin oder eines Freundes, mit der Jugendgruppenleiterin . . .

Mit wem möchtest **du** in dieser Situation am liebsten reden?

____

____

____

____

7. Wenn deine Eltern sich nicht versöhnen, heisst das noch lange nicht, dass du für dich nicht einen guten Weg finden wirst, mit ihrem Streit fertig zu werden (zum Beispiel wie ein uns bekanntes Kind, welches mit Freunden in den Zoo geht, um sich abzulenken).

Wir möchten dir empfehlen, diese Ratschläge auch nach der Trennung oder Scheidung noch zu befolgen. Wir haben die Erfahrung gemacht, dass viele Eltern nach der Trennung nicht sofort mit Streiten aufhören können. Manchmal brauchen sie sogar sehr lange (ein paar Jahre) dazu.

NUN IST ES KLAR:
DEINE ELTERN WERDEN SICH TRENNEN

Wie ihr im letzten Kapitel gelesen habt, kommt es in der Familie Tausend zwischen den Eltern immer häufiger zum Streit. Es ist jetzt meistens so, dass der Vater dann weggeht und erst am anderen Tag zurückkommt. Ein paar Mal ist es sogar vorgekommen, dass er zwei oder drei Tage weggeblieben ist. Wenn er dann wieder da ist, herrscht beim Nachtessen ziemlich dicke Luft. Die Mutter macht ein trauriges Gesicht und der Vater redet fast nichts. Sophie hat einmal ihren ganzen Mut zusammengenommen und den Vater gefragt, wo er so lange gewesen sei, aber er hat ihr nur geantwortet, dass sie es sowieso nicht verstehen würde. Sophie möchte aber wissen, wohin der Vater geht und warum er so lange wegbleibt. Sie hat Angst, dass sich ihre Eltern für immer trennen oder sogar scheiden lassen. Es wäre gut, wenn der Vater es Sophie erklären könnte, damit sie sich weniger allein, verzweifelt und traurig fühlt. Fabian und Klein-Anna geht es ähnlich wie ihrer Schwester.

Eines Tages ist es dann soweit. Frau Tausend erklärt den Kindern, dass der Vater auszieht und eine Wohnung in der Stadt nimmt. Für alle drei Kinder ist das ein Schock!

Sophie verkriecht sich in ihr Zimmer und will mit niemandem reden. Nicht einmal zum Essen kommt sie. Stundenlang hört sie im Zimmer ihre Lieblingsmusik in voller Lautstärke und hat eine richtige Katastrophenstimmung.

Fabian geht zuerst mit dem Hund spazieren und kommt den ganzen Nachmittag nicht zurück. Beim Nachtessen sagt er kein Wort. Am anderen Tag fragt ihn sein Freund Patrick, was mit ihm los sei. Fabian schämt sich, weil Patrick ihm angesehen hat, dass er ein Problem hat.

Klein-Anna kann noch nicht recht verstehen, was es bedeutet, wenn der Vater auszieht. Sie spürt aber, dass alle Familienmitglieder bedrückt sind und das macht ihr Angst. Nachts will sie nicht allein im Zimmer sein und schreit mehrmals im Schlaf laut. Genau wie es Sophie und Fabian und Klein-Anna ergeht, als sie hören, dass ihre Eltern sich trennen wollen, geht es auch den Kindern aus unserer Umfrage. Wir haben ihnen folgende Fragen gestellt:

Warst du auf den Auszug deines Vaters oder deiner Mutter vorbereitet? Ist es für dich überraschend gekommen oder hattest du vorher schon Befürchtungen? Hast du geglaubt, dass deine Eltern sich scheiden lassen wollen?

Es hat uns sehr beeindruckt, dass die meisten Kinder anscheinend schon lange im Voraus spüren, was zwischen den Eltern läuft:

- Ja, ich hatte es schon ein bisschen gedacht, aber ich wollte es von mir wegschieben. (Franziska, 12)
- Ich habe es gedacht, weil sie immer Streit hatten. (Manuela, 7)
- Irgendwie schon – es lag in der Luft. Wir wussten es eigentlich schon lange. Nur wurde es jetzt ausgeführt. (Susi, 14)
- Ja, ich glaubte es zuerst schon nicht – ich wollte es nicht. (Moni, 11)
- Obwohl ich es schon lange befürchtet hatte, kam es trotzdem überraschend. (Sandra, 20)
- Ich wusste, dass das einmal passiert, ich glaubte nur nicht daran. (Sabine, 13)

Zehn Kinder waren überrascht. Oder wollten sie es vielleicht nicht wahrhaben?

– Das hätte ich nie gedacht. (Markus, 9)
– Es kam für mich wie ein Blitz aus heiterem Himmel. (Stephan, 15)
– Das konnte ich mir nicht vorstellen. (Patricia, 8)
– Nein, ich hatte immer nachgefragt, ich hatte Angst, aber sie sagten eigentlich immer, so weit wird es nie kommen. Anfangs jedenfalls... (Sibylle, 17)
– Das wollte ich nicht glauben, ich hatte grosse Angst davor. (Beatrice, 16)

Hast du gewusst, warum deine Eltern auseinander gegangen sind? Haben dir deine Eltern erklärt, warum dein Vater oder deine Mutter ausgezogen ist?

Die meisten Kinder wussten es, weil es ihnen die Eltern erklärt haben:

– Sie haben mir erklärt, dass es zwischen ihnen einfach nicht mehr geht, dass es nichts mit uns Kindern zu tun hat. Darüber bin ich froh. (Eva, 11)
– Mein Vater hatte plötzlich eine andere Frau lieber als meine Mutter – und meine Mutter konnte das nicht ertragen, dann kam es zum Streit. (Sandra, 11)
– Mein Vater lud mich ins Kino ein und anschliessend sagte er es mir beim Essen. Mir blieb das Essen im Hals stecken. (Sandra, 20)
– Ja, ich wusste es, weil sie sich nicht mehr verstanden haben und weil sie sich nicht mehr mögen. (Christine, 11)

Einige Kinder wurden nicht informiert:

– Sie haben es mir gar nicht erklärt. Ich habe es gespürt und dann habe ich einmal losgeheult und dann haben sie gesagt, sie hätten gemeint, ich wüsste es. (Patricia, 16)
– Nein, sie haben es uns nicht erklärt, das war dumm. (Manuela, 7)

– Nein, nicht genau. Aber ich war wohl auch noch zu klein, um dies zu verstehen. Irgendwie will ich das auch jetzt, wo ich älter bin, gar nicht wissen. (Barbara, 17)

Kannst du dich erinnern, was du damals gedacht hast? Kannst du sagen, wie du dich gefühlt hast?

Fast alle Kinder fühlten sich alleine, verraten, traurig, wütend, verzweifelt und durcheinander.

– Ich denke nicht gerne daran. Ich muss sonst heulen. Ich finde das so gemein. Einfach weggehen. Ich wollte am liebsten sterben. (Gabi, 16)
– Ich habe mich am Anfang verzweifelt gefühlt, weil ich gemeint habe, ich wäre die Einzige. (Natascha, 11)
– Ich war ganz durcheinander. Nein, (ich fühlte mich) nicht so gut. Ich verstand nichts, jeder redete nur für sich. Ich fühlte fast nichts mehr. (Markus, 11)
– Gedacht habe ich: «Ich ziehe gleich mal aus, zum Beispiel zu Nachbarn oder einer Freundin der Mutter.» Schlecht fühlte ich mich und wütend und ängstlich. (Margrith, 11)
– Ich habe mich nicht sehr traurig gefühlt, aber irgendwie fast krank. (Daniela, 12).
– Ich habe mich alleine gefühlt. (Tobias, 10)
– Ich war völlig verzweifelt und habe lange geweint und wollte es lange einfach nicht wahrhaben. Mir kam es alles wie ein böser Traum vor. (Christian, 15)
– Zuerst war ich schon etwas traurig, aber wir haben immer noch eine gute Beziehung zueinander, mein Vater und ich. Es war viel leichter so. (Sibylle, 16)
– Ich war erst traurig, aber zum Glück kann ich Papa viel sehen. (Sabrina, 7).

Wir wissen, dass viele Kinder sehr grosse Angst haben und meinen, dass sie nun ihren Vater oder ihre Mutter (je nachdem, wer wegzieht) verlieren werden. Sie denken beispielsweise: «Meine Mutter hat ihren Mann verloren. Werden wir unseren Vater nun auch nie mehr wiedersehen?» Oder umgekehrt, wenn die Mutter weggezogen ist. Das muss aber nicht so sein. Ihr könnt im nächsten Kapitel mehr darüber lesen.

Für die Eltern ist die Trennung ein schwerer Schritt: Einerseits sind sie enttäuscht, wütend und verletzt wegen der vielen Streitigkeiten, und andererseits tut es ihnen auch Leid, dass sie ihren Kindern damit weh tun. Viele Eltern haben ein schlechtes Gewissen deswegen.

Manche Kinder versuchen zu verhindern, dass es bei ihren Eltern zur Trennung kommt. Aber sie können das nicht. Auch Markus (11) hat das erfahren und schreibt: «Es ging nicht. Ich habe alles versucht. Da ist man fast machtlos.» Wir meinen, da ist man sogar ganz machtlos. Und Susanne, Nicole und Ruth haben auf die Frage: «Hast du versucht zu verhindern, dass dein Vater oder deine Mutter weggeht?» geantwortet:

– Nein, auch wenn ich es geschafft hätte, dann hätten sie gestritten. (Susanne, 11)
– Aktiv nicht, aber innerlich habe ich ständig gehofft, dass mein Vater zurückkehrt. (Nicole, 14)
– Nein. Ich hatte das nicht versucht, weil ich einsah, dass es nicht gehen würde. (Ruth,12)

Darum: Wenn sich deine Eltern trennen, musst du dich damit abfinden.

Bei den Kindern der Familie Tausend ist es dann so weitergegangen:

Eine Woche, nachdem Frau Tausend ihren Kindern erklärt hat, dass ihr Vater auszieht, ist der Umzugstag von Herrn Tausend. Es ist ein Freitag. Als Sophie und Fabian von der Schule heimkommen, steht ein Lieferwagen vor dem Haus. Der Vater hat schon seine Sachen eingepackt und verabschiedet sich schnell von den Kindern. Dann fährt das Auto weg. Alle haben ein ungutes Gefühl. Jetzt wird ihnen klar, dass für die Eltern die Trennung endgültig ist. Niemand weiss recht, was sagen – weder die Mutter, noch die Kinder. Es herrscht den ganzen Tag eine traurige, bedrückte Stimmung.

Am Sonntagabend geht Fabian zu Sophie ins Zimmer, weil er sie fragen will, ob sie ihm bei den Schulaufgaben helfen könnte. Früher ist Fabian manchmal zum Vater gegangen, wenn er bei den Rechnungsaufgaben Probleme hatte. Die Schwester ist bereit ihm zu helfen. Bei dieser Gelegenheit kommen die zwei Geschwister auch darauf zu reden, dass sie ihren Vater seit dem Wegzug vermissen.

Jetzt müssen sie mehr im Haushalt helfen, weil ihre Mutter gesagt hat, dass sie wieder arbeiten gehen müsse. Das erfreut sie nicht gerade, aber sie können nichts dagegen machen.

Fabian sagt zu Sophie, dass er manchmal ein schlechtes Gewissen habe. Vielleicht sei es zur Trennung gekommen, weil es zuhause immer wieder Streit gegeben habe, wenn er zu spät vom Fussball-Training heimgekommen sei. Sophie tröstet daraufhin ihren Bruder und sagt ihm etwas ganz Wichtiges: «Glaube nicht, dass du an der Trennung schuld bist. Du kannst nämlich gar nichts dafür, weil es eine Sache zwischen Mama und Papa ist.» Das leuchtet Fabian ein. Zusammen kommen sie darauf, dass es sogar Vorteile hat, dass sich ihre Eltern getrennt haben.

Was denkst **du,** welche Vorteile es haben kann, wenn der Vater oder die Mutter auszieht?

Vorteil Nr. 1:

Vorteil Nr. 2:

Nun kannst du hier lesen, welche Vorteile Melanie, Stefan, Sandra und Philippe in der Trennung ihrer Eltern sehen. Wir haben sie gefragt:

Kannst du dir vorstellen, dass eine Trennung oder Scheidung auch eine Erleichterung sein kann? Hat es auch Vorteile, nur mit einem Elternteil zu leben?

– Ja, wenn Eltern nichts anderes tun als streiten. (Melanie, 7)
– Ja, damit das Streiten ein Ende hat.(Stefan, 9)
– Ja, weil ich mir so den Streit nicht mehr anhören muss. (Eva, 11)
– Ja, beim Papa kann ich das machen, was ich bei Mama nicht machen kann und umgekehrt. (Melanie, 7)
– Ja, meine Mutter ist nicht so streng wie mein Vater. (Urs, 9)

Es gibt auch Eltern, die sagen, dass sie den Kindern zuliebe zusammenbleiben wollen. Sie denken, dass ihre Kinder eine Trennung nicht verkraften würden.

Weil wir von den direkt betroffenen Kindern wissen wollten, was sie darüber denken, haben wir ihnen folgende Fragen gestellt:

Findest du, dass Eltern den Kindern zuliebe zusammenbleiben sollen?

Drei von vier Kindern finden «nein».

– Nein, weil es keinen Sinn hat, wenn sie immer streiten. (Urs, 9)
– Ich würde es viel besser finden, wenn sie sich scheiden lassen, anstatt immer nur dazusitzen und hinter meinem Rücken zu streiten. (Regula, 12)
– Nein, denn Kinder leiden meistens noch mehr darunter, wenn eine kaputte Ehe noch krampfhaft zusammengehalten wird. Dann müssen die Eltern Theater spielen und das merken doch die Kinder. (Barbara, 17)
– Ja, damit die Eltern nicht ums Kind streiten müssen. Meine Eltern streiten nach der Scheidung fast noch mehr, dann ist es besser, zusammenzubleiben. (Markus, 11)

Schämst du dich, weil deine Eltern geschieden sind?

Hier wird klar, dass es nicht nötig ist, sich zu schämen. Es gibt so viele Kinder, die auch geschiedene Eltern haben!

– Am Anfang war es ein komisches Gefühl, aber als ich merkte, dass es anderen genauso ergeht wie mir, wurde es immer normaler für mich. (Walter, 18)
– Nein, ich kann ja nichts dafür. Bei uns in der Klasse ist ein Mädchen, dessen Eltern auch geschieden sind. Da hat jemand zu uns gesagt, schämt ihr euch nicht, weil eure Eltern geschieden sind? Da haben wir nein gesagt. (Petra, 11)
– Nein, weil ich viele kenne, deren Eltern geschieden sind, aber ich rede nicht gerne darüber. (Markus, 11)
– Nein, aber ich beneide die anderen um ihre Eltern. (Barbara, 17)

Du bist bestimmt kein Einzelfall! Schreibe hier auf, wie viele Kinder du kennst, bei denen Vater und Mutter nicht zusammenleben:

Wenn dein Vater oder deine Mutter auszieht, stellt sich für dich und deine Geschwister die Frage, bei wem ihr wohnen sollt. Weil diese Frage für alle Kinder besonders wichtig ist, haben wir im 5. Kapitel ausführlich darüber geschrieben. Wenn es bei dir so ist, dass sich deine Eltern trennen, wirst du dich auch manchmal traurig, wütend, allein und durcheinander fühlen. Wir möchten dir hier ein paar Ratschläge geben, was du tun kannst, wenn es dir schlecht geht:

1. Rede mit jemandem darüber!

Das braucht zwar etwas Mut, aber es wird dir helfen. Du kannst zum Beispiel mit deinen Geschwistern oder deinem Freund oder deiner Freundin darüber reden. Vielleicht kennst du eine erwachsene Person, zu der du genügend Vertrauen hast? Schreib einmal auf, mit wem du darüber schon geredet hast und mit wem du reden möchtest. Am besten der Reihe nach, mit wem du am **liebsten** reden würdest. Sage das diesen Leuten bei nächster Gelegenheit!

2. Denk nicht, dass du schuld bist.

Wenn sich deine Eltern trennen und dich deswegen jemand versucht zu plagen, antworte: «Ich kann nichts dafür, das ist eine Sache zwischen meinen Eltern.» Manche Kinder schreiben ihre Gedanken und Gefühle in einem Tagebuch auf. Das ist auch eine gute Hilfe. Sandra hat sogar mit ihrem Hund gesprochen, wenn sie ganz verzweifelt war. Was hilft dir am meisten? Was könntest du noch ausprobieren?

3. Versuche nicht zu verhindern,

dass dein Vater oder deine Mutter wegzieht. Meistens ist es für ein Kind nämlich so, wie es Rolf gesagt hat: «Es ging nicht. Ich habe alles versucht. Da ist man fast machtlos.» Wir wissen, dass das für jedes Kind eine schwere Zeit ist. Es wird sich aber alles wieder beruhigen. Du wirst es durchstehen! Eine Trennung kann ja auch eine Erleichterung sein.

4. Du brauchst dich nicht zu schämen,

wenn deine Eltern sich trennen oder scheiden lassen. Pascal hat dazu Folgendes geschrieben: «Am Anfang war es ein komisches Gefühl. Aber als ich merkte, dass es anderen genauso ergeht wie mir, wurde es immer normaler für mich.» Und wenn du nichts dafür kannst, brauchst du dich doch auch nicht zu schämen.

5. Zeige deinem Vater und deiner Mutter, dass du jeden für sich gern hast,

auch wenn der andere Elternteil es nicht gerne sieht. Macht nichts! Du sollst es trotzdem tun. Du kannst ihm oder ihr vielleicht einmal sagen: «Ich habe euch beide gerne, auch wenn ihr böse miteinander seid, weil Papa immer mein Papa und meine Mama immer meine Mama bleibt.»

Vielleicht hast du aber den einen oder anderen über eine gewisse Zeit nicht mehr gern. Erwachsene verhalten sich in so schwierigen Situationen oft sehr komisch, und vielleicht hat dir Papa oder Mama sehr weh getan oder du verstehst sie nicht.

Deswegen brauchst du dir keine Vorwürfe zu machen. Lass dir Zeit mit deinen verwirrten Gefühlen. Es wird für beide Eltern verständlich sein, dass du sie im Moment nicht immer gern haben kannst.

Viele Kinder haben in dieser Zeit Angst, von Vater oder Mutter nicht mehr geliebt zu werden. Wenn du auch verunsichert bist, frage sie doch danach. Es ist für die Eltern in dieser Zeit manchmal sehr schwierig, ihren Kindern ihre Liebe zu zeigen. Wie und wann könntest du deinen Eltern am besten zeigen, dass du sie beide lieb hast?

(Bitte überlege es dir und schreib es hier auf. Probiere es mal bei Gelegenheit aus. Vielleicht musst du es nochmals machen. Gib nicht zu schnell auf!)

Es ist für Eltern sehr schwer, ihren Kindern die Trennung mitzuteilen. Manche Eltern sagen nichts, aber die Kinder spüren es trotzdem. Das Schlimmste ist dabei, dass man nicht darüber reden kann. Die Kinder getrauen sich nicht darüber zu reden, weil sie merken, dass die Eltern weinen müssten, und dies wollen sie vermeiden. Genau das ist für alle sehr schwierig. Wir wollen euch den Rat geben: Sprecht trotzdem mit den Eltern darüber. Es ist besser, wenn alle weinen müssen, als nicht darüber zu sprechen. Falls es gar nicht geht darüber zu reden versucht vielleicht, euch an Vater oder Mutter oder beide anzuschmiegen oder sie zu umarmen.

WO WOHNEN DIE KINDER NACH DER TRENNUNG – BEIM VATER ODER BEI DER MUTTER? UND WIE GEHT ES MIT DEN BESUCHEN?

Nun ist Herr Tausend seit ein paar Wochen ausgezogen. Als sich die Kinder vom ersten Schock ein wenig erholt haben, fragen sie sich, wie es wohl mit ihrer Familie weitergehen soll. Was wird mit ihnen geschehen?

Jedes Mal, wenn Fabian mit Bingo spazieren geht, fällt ihm alles wieder ein und er vermisst seinen Vater ganz schrecklich. Er stellt sich vor, wie es wäre, wenn er zu ihm ziehen würde. Ob das wohl möglich ist? Er würde gern zu ihm gehen, dort wäre es bestimmt auch nicht so ungemütlich wie zur Zeit hier! Auf der anderen Seite hat er Mama ja auch gern, und Sophie ist eigentlich ganz in Ordnung, nur ist sie zurzeit so komisch... Klein-Anna schreit auch immerzu und kann einem so richtig auf den Wecker gehen!

Fabian wird durch all diese Gedanken ganz verwirrt. Er kommt ins «Schleudern» und möchte am liebsten laut schreien. Wenn er mit Bingo dann losrennt und mit ihm herumbalgt, geht es ihm meistens wieder besser!

Und wie geht es Sophie? Wenn sie heimkommt, geht sie sofort in ihr Zimmer und wirft sich mit dem Walkman aufs Bett. Sie will gar nicht an ihre Eltern denken, aber es stauen sich in ihr trotzdem ganz verschiedene Gefühle auf: Sie fühlt sich irgendwie verschaukelt und allein gelassen von ihnen. Sie ist enttäuscht und wütend vor allem dem Vater gegenüber, weil er sie alle einfach verlassen hat! Sie wird beim Musikhören oft traurig und fängt an zu heulen. Die Frage, wie es weitergehen soll, schiebt sie beiseite und geht viel mit ihren Kollegen in die Disco. Da kann sie so richtig abschalten. Zuhause ist sie schlecht gelaunt und mit der Mutter hat sie oft Krach. Manchmal denkt sie, dass sie am liebsten mit ihren Freunden zusammenwohnen möchte. Das wäre lässig!

Eines Abends setzt sich Frau Tausend zu Sophie und Fabian und fragt sie, wo sie denn in Zukunft lieber wohnen würden, bei ihr oder beim Vater. Sophie sagt unwirsch: «Ist mir doch egal!» Fabian denkt: «Jetzt kann ich es ja sagen» und antwortet der Mutter: «Ich möchte eigentlich gern zum Papa, weil ... » Als er sieht, dass die Mutter so komisch reagiert, merkt er, dass er ihr weh getan hat und sagt ganz schnell: «Aber eigentlich bin ich auch gern bei dir, Mama!» Die Mutter geht darauf nachdenklich und ohne viel zu sagen aus dem Zimmer. Fabian könnte heulen, so ein mieses Gefühl hat er...

Findest du es richtig, dass Fabian und Sophie sich so viele Gedanken darüber machen, wo sie leben werden, und dass sie sich entscheiden müssen?

Wenn ja, dann lies bitte die folgenden Seiten ganz besonders aufmerksam. Von den Kindern, die wir gefragt haben: **«Wer hat bei euch entschieden, bei wem du und deine Geschwister bleiben sollen? Und wie findest du das?»**, haben nur wenige selber entschieden. Hier einige Antworten:

– Ich glaube, sie waren sich einig, obwohl ich sagte, ich wolle lieber beim Vater bleiben, als sie mich fragten. Heute sehe ich ein, dass es so, wie es jetzt ist, besser ist. (Monika, 18)
– Ich glaube, die Eltern und das Gericht. Ich finde es gut so. (Thomi, 11)
– Meine Eltern hauptsächlich. Da meine Mutter zuerst noch eine Stellung suchen musste, hatte sie für längere Zeit keine feste Wohnung, so dass es auf der Hand lag, bei meinem Vater zu bleiben. (Markus, 15)
– Ich glaube der Richter. Die Mutter hat immer gesagt, der Anwalt und das Gericht wollen es so haben. Es wäre besser, wenn Vater und Mutter sich zusammensetzen würden und darüber reden und nicht der Richter und die Anwälte. Die kennen uns ja gar nicht! (Sibylle, 16)
– Wir haben das selber entscheiden können. Das war sehr gut! (Florian, 14)
– Das durfte ich entscheiden. Besser als immer Streit. (Tamara, 12)

Unsere nächste Frage an die Kinder war: **«Wer sollte es deiner Meinung nach entscheiden?»** Die grosse Mehrheit antwortete wie Kathrin (9): «Es ist besser, wenn Mama und Papa das entscheiden!» Ein paar Kinder finden es gut, wenn die Eltern auch die Meinung der Kinder berücksichtigen:

– Beide, also die Eltern gemeinsam, aber es darf (das ist meine Meinung) nicht ohne das Einverständnis der Kinder geschehen. (Martina, 12)

Wir sind sicher, dass die Kinder eigentlich immer einverstanden sind, wenn die Eltern sich einig sind. Die Antwort von Lucia (16) bestätigt dies: «Mutter und Vater haben entschieden; die haben uns doch gern und tun sicher nicht etwas gegen uns.»

Es gibt aber auch Kinder, die selber entscheiden möchten. Auf diese wollen wir hier besonders eingehen: Wir haben von Kindern, welche selber entschieden haben, bei wem sie wohnen sollen, erfahren, dass sie sich dabei sehr wichtig und ernst genommen gefühlt haben, weil sie so eine wichtige Entscheidung selber haben fällen dürfen. Diese Kinder sind (vielleicht) zuerst ganz begeistert und überlegen sich: «Ich möchte da bleiben, wo es für mich schöner ist.» Dann fragen sie sich vielleicht – ganz im Stillen –, was denn die Mutter und der Vater eigentlich lieber möchten. Derjenige, bei welchem es einem besser gefällt, ist sicher einverstanden, aber der andere? Viele Kinder spüren, dass es dem anderen ein wenig weh tut, auch wenn das nicht offen gezeigt wird. Oder einige andere finden, es ist ganz klar: «Ich bleibe bei Mama» und überlegen sich erst gar nicht, ob sie zum Vater gehen könnten. Sie überlegen sich auch nicht, wie das für ihren Vater ist. Oder es ist ihnen egal, weil die Beziehung zu ihm im Moment nicht die beste ist.

Wieder anderen Kindern geht es vielleicht sogar einfach so, dass sie mit ihrem Vater sehr gut auskommen und sich mit ihm einig sind, dass die Mutter an allem «schuld» ist und dass die Mutter deshalb alleine weggehen soll.

Egal, was du denkst: Die Sache hat einen grossen Haken. Möglicherweise entdeckst du ihn lange nicht, weil er manchmal ganz tief drinnen steckt und sich lange nicht bemerkbar macht – vielleicht sogar, bis du erwachsen bist:

Unsere Erfahrung zeigt nämlich, dass **jedes Kind im Grunde genommen Vater und Mutter gern hat.** Vielleicht gibt es Kinder, welche dies nicht merken oder zulassen dürfen, weil sie aus irgendeinem Grund für einen Elternteil Partei ergriffen haben; aber wir sind überzeugt, dass es auch bei diesen Kindern ganz tief drin so ist.

Wenn diese Kinder nun entscheiden müssen, bei wem sie leben möchten, ist es für sie schwierig, weil sie eigentlich bei beiden sein möchten und sich fast nicht entscheiden können. Oder sie haben Angst, vom einen nicht mehr geliebt zu werden, wenn sie sich für den anderen entscheiden. Selbst wenn sie sich leicht entscheiden können, haben sie das Gefühl (manchmal nur ganz leise und tief drinnen), dass sie dem anderen Unrecht getan haben. Diese Gefühle sind gar nicht gut für ein Kind (auch für ältere Kinder nicht). Sie können einen ganz elend machen.

Wir denken deshalb, dass diese Entscheidung für Kinder zu schwierig ist – auch wenn sie es sich nicht ganz eingestehen können. Wir haben noch kein einziges Kind getroffen, welches nicht erleichtert war und tief aufgeatmet hat, als die Eltern zusammen einen Weg gefunden und gemeinsam für ihre Kinder entschieden haben.

Wie schwierig es für Kinder ist, diese Entscheidung zu fällen, kommt auch in den folgenden Antworten zum Ausdruck: **«Wie fühlst du dich dabei, wenn du überlegst, vielleicht zum anderen Elternteil zu ziehen?»**

Hier einige (typische) Antworten:

- Irgendwie nicht besonders gut. Das heisst aber noch lange nicht, dass ich meine Mutter nicht mag. Ich mag sie nämlich beide genau gleich. (Sandra, 12)
- Es wäre auch lässig bei Papa. (Margrith, 7)
- Am liebsten würde ich bei beiden sein. (Walti, 9)
- Es ist lässig bei Papa und auch bei Mama, wo ich wohne. (Thomy, 9)

Wenn Eltern bei der Scheidung um ihre Kinder streiten, leiden die Kinder sehr darunter: Sie fühlen sich hin und her gerissen, weil sie es beiden Eltern recht machen möchten. Vielleicht schimpfen sie beim Vater über die Mutter und ein paar Tage später bei der Mutter über den Vater. Sie möchten dies eigentlich gar nicht tun, aber in ihrer Verzweiflung können sie nicht anders. Oder vielleicht geht es ihnen so, dass sie bei jedem Wort aufpassen müssen, welches sie bei einem Elternteil über den anderen sagen, weil es falsch ausgelegt werden könnte. Diese Kinder befinden sich in einer schwierigen Lage zwischen den Eltern und sie sind froh, wenn die Eltern aufhören, um sie zu ringen. Sie sind besonders demjenigen Elternteil sehr dankbar, welcher auf den Kampf verzichtet, um den Streit zu beenden. Vera (12) schreibt: «Nein, sie haben sich nie um uns gestritten. Sie sagten zum Beispiel auch nicht, ‹ich gehöre Papa und mein Bruder gehört Mama›. Sie haben es nie getan, das finde ich gut!»

Wenn beide Eltern um ein Kind kämpfen und verlangen, dass das Kind entscheiden soll, wo es leben wird, dann muss sich das Kind entweder gegen seinen Vater oder gegen seine Mutter entscheiden. Das tut sehr weh und ist das Schlimmste, was einem Kind passieren kann.

Wir geben euch Kindern den Rat (auch wenn ihr schon älter seid): Habt den Mut und sagt euren beiden Eltern: **«Ich wünsche mir, dass ihr das entscheidet!»**

Vielleicht hast du eine bessere Idee, wie du es ihnen sagen könntest. Hier kannst du es dir überlegen und aufschreiben (das hilft, damit du es dann besser sagen kannst).

Ich könnte es meiner **Mutter** so sagen:

Ich könnte es meinem **Vater** so sagen:

Du kannst aber trotzdem bei deinen Eltern **Wünsche** anbringen, zum Beispiel:

- Du möchtest gerne mit deinen Geschwistern zusammenbleiben.
- Du möchtest gerne weiterhin in der Nähe deiner Freunde wohnen.
- Du möchtest dich nicht von deinem Hund trennen.
- Du möchtest gerade bei dem Lehrer, mit dem du besonders gut auskommst, bleiben.

Teile diese Wünsche auch beiden Eltern mit.

Ich möchte gerne nach der Scheidung:

Wir haben gesehen, dass es Sophie, Fabian und Klein-Anna gar nicht gut geht, seit der Vater ausgezogen ist. Das ist bei den meisten Kindern in dieser Situation so. Sie fühlen Verzweiflung, Angst, Zerrissenheit, Wut, Verlassenheit; sie fragen sich, wie es weitergeht; sie haben das Gefühl, dass ihnen der Boden unter den Füssen weggezogen worden ist. **Diese schlimme Zeit voll Ungewissheit dauert in der Regel ein paar Monate, manchmal auch ein Jahr oder sogar noch länger.** Sie dauert, bis klar ist:

– Bei wem die Kinder wohnen.
– Wie die Besuche bei Vater oder Mutter stattfinden.

«Wie ist es dir ergangen in der Zeit vom Wegzug deines Vaters oder deiner Mutter, bis es klar war, bei wem du wohnen würdest?»

– Im Nachhinein war es für mich sehr schwierig, ein richtiges Hin- und Hergerissensein. Einmal beim Vater, einmal bei der Mutter, und ich wusste die ganze Zeit nicht, was eigentlich los war und was passieren würde. Man ist als Kind irgendwie so ausgeliefert. (Sandro, 20)
– Immer, wenn ich bei Mama bin, finde ich es schön, aber wenn ich beim Papa bin, möchte ich auch dort wohnen bleiben. (Alexandra, 10)
– Sehr schlecht! Wir hatten mit meiner Mutter sehr viel Streit. (Manuel, 12)
– Immer, wenn ich bei Papa bin, verwöhnt er mich und redet auf mich ein, dass ich doch zu ihm kommen soll. Ich sage ja, aber ich getraue mich nicht, das Mama zu sagen, weil sie mich doch auch haben möchte. (Peter, 13)
– Ich fragte mich, wie es weitergehen würde und ob unser Hund Rexy auch zur Mutter mitkommen würde. (Benedikt, 10)
– Es war eine grosse Spannung. Ich wusste nicht, ob ich vielleicht doch noch zu Mutti nach Liestal zügeln müsste. Niemand sprach darüber, aber ich fragte mich selbst doch die ganze Zeit. (Susanne, 14)

Wie geht es dir? Wenn du Lust hast, kannst du hier für dich aufschreiben, wie es dir in dieser Zeit zumute ist und was du befürchtest:

Du kannst eigentlich nicht viel machen, damit diese Zeit kürzer wird – es ist ja die Sache deiner Eltern diese Entscheidungen zu treffen. Vielleicht hilft es dir, wenn wir dir sagen, dass es für deine Eltern nicht ganz einfach ist zusammen eine Lösung zu finden. Kannst du Geduld mit ihnen haben? Sobald sie sich einig sind, müssen sie (mit ihren Anwälten oder Anwältinnen) zum Gericht gehen. Der Richter oder die Richterin entscheidet dann, ob die Lösung der Eltern auch vor dem Gesetz gültig ist. Meistens unterstützt das Gericht ihren Vorschlag. Manchmal – wenn sich die Eltern selber gar nicht einigen können – streiten sie und die Anwälte auch vor dem Gericht weiter, bis der Richter oder die Richterin entweder die Entscheidung fällt oder sie zu jemandem schickt, der ihnen hilft.

Es gibt jedoch Dinge, die du für dich machen kannst, damit du diese Zeit besser überstehst. Fabian zum Beispiel rennt und balgt sich mit Bingo, Sophie hört Musik und redet mit ihren Kolleginnen. Es gibt Kinder, die treiben besonders viel Sport (zum Beispiel Fussball), um sich abzulenken, oder sie gehen in eine Jugendgruppe, oder sie gehen besonders oft zu anderen Leuten, sie pflegen Hobbys (Musik machen oder etwas anderes), oder sie schreiben vielleicht ein Tagebuch. Du brauchst einfach ab und zu etwas, was dir gut tut, du musst wieder einmal lachen und Spass haben zwischendurch!

Nun kehren wir wieder zurück zu «unserer» Familie Tausend. Da ist es so weitergegangen:

Auch für Sophie, Fabian und Klein-Anna ist nach dem Gespräch mit der Mutter eine recht «stressige» Zeit gekommen. Sie reden nicht mehr mit der Mutter darüber, bei wem sie in Zukunft wohnen sollen. Aber Fabian hört einmal auf seinem Zimmer, wie Frau Tausend weinend am Telefon zu Vater sagt: «...dann nimm doch deinen Fabian, wenn es unbedingt sein muss!» Ihr könnt euch sicher vorstellen, dass dies Fabian ganz schön fertig macht! Er traut sich aber nicht die Mutter zu fragen, ob er jetzt wirklich zum Vater ziehen werde. Im Gegenteil: Er wird noch stiller. Am Samstag bei den Pfadfindern fragt ihn Peter, sein Leiter, mit dem er auch schon über seine Eltern gesprochen hat: «Zwirbel (das ist Fabians Übername), was ist eigentlich mit dir los? Du bist heute so niedergeschlagen!» Da erzählt Fabian ihm alles und heult dabei. Peter hört ihm zu und das tut Fabian sehr gut. Peter sagt zu ihm: «Weisst du was, komm doch zu mir heim zum Abendessen. Meine Eltern haben sicher nichts dagegen!» Auch Frau Tausend gibt ihre Erlaubnis – so beginnt die Freundschaft zwischen Fabian und Peter. Fabian geht jetzt viel zu Peter heim, wenn er es zuhause nicht mehr aushält. Dort kann er auch wieder einmal etwas anderes denken und fröhlich sein. In der Familie Tausend ist es nämlich jetzt ganz schwierig geworden. Fabian trifft seine Mutter oft beim Telefonieren an, wenn er heimkommt. Sie macht dann immer schnell die Türe zu, aber weil sie manchmal sehr laut wird, schimpft und weint, merkt er, dass sie entweder mit Vater streitet oder einer Freundin oder Tante Marianne ihr Herz ausschüttet. Nachher ist sie immer schlecht gelaunt und macht bittere Bemerkungen über seinen Vater. Das gibt Fabian und auch Sophie jedesmal einen Stich.

Anfänglich ist es auch ab und zu vorgekommen, dass der Vater zu ihnen heimkam. Aber er hat die Kinder nur kurz begrüsst und ist dann mit der Mutter in die Küche gegangen, wo sie sich wieder gestritten haben – wie damals, als der Vater noch zu Hause lebte. Jetzt gehen sie meist in das Café nebenan. Aber wenn sie zurückkommen, merken die Kinder am Gesichtsausdruck der Mutter ganz genau, dass sie wieder Streit gehabt haben. Die Mutter leidet sehr und hat im Moment fast keine Kraft mehr für die Kinder übrig. Sie schreit sie dann oft wegen jeder Kleinigkeit an. Nur Klein-Anna bringt es manchmal fertig, sie wieder zum Lachen zu bringen, indem sie ihr auf den Schoss klettert und sie schelmisch anlächelt.

Die Mutter wird manchmal nicht fertig mit dem Haushalt, weil sie so lange telefoniert. Es ist oft nicht gekocht, wenn die Kinder heimkommen; Fabian musste einige Male seine dreckigen Socken nochmals anziehen, weil die Wäsche noch nicht gemacht war. Sophie ist schon ein paar Mal zu spät zur Schule gekommen, weil die Mutter verschlafen hat!

Frau Tausend tut wirklich etwas Gutes für ihre Kinder, wenn sie es zulässt, dass Fabian oft zu Peter geht (und manchmal auch dort übernachtet) und Sophie zu ihrer Freundin Elsa. Klein-Anna war schon einige Male für ein paar Tage bei ihrer Patin, die sie sehr gerne hat, zu Besuch.

Und du? Hast du einen solchen «neutralen» Ort, wo du hingehen kannst? (Einen Freund, eine Freundin, eine Patin, eine befreundete Familie, eine Nachbarin, einen Lehrer, eine Lehrerin, die Jugendgruppe).

Wenn es mir zuhause zu viel wird, gehe ich zu

Und was machst du jeweils dort, damit es dir besser geht? Ich…

Bei Tausends geht es im gleichen Stil so schlecht und recht weiter, bis der Frühling kommt. Die Osterferien verbringen die Kinder mit den Grosseltern in einer Ferienwohnung in den Bergen. Das tut allen gut und die Mutter kann sich auch wieder erholen.

Als sie wieder zuhause sind, kommt der Vater bei ihnen vorbei. Er und die Mutter haben sich in der Zwischenzeit ausgesprochen. Sie sind sehr ernst und sagen, dass sie den Kindern etwas Wichtiges mitteilen möchten. Vater ergreift das Wort: «Mutter und ich haben gemerkt, dass wir einen Fehler gemacht haben. Wir hätten euch nicht fragen sollen, bei wem ihr in Zukunft wohnen möchtet. Wir haben uns nun selber geeinigt. Sowohl ich als auch Mama haben euch alle sehr gerne. Wir beide möchten euch bei uns haben, aber das geht ja leider nicht. Wir haben darum beschlossen, dass ihr alle drei weiterhin bei Mama wohnen sollt.» Hier wird der Vater traurig, man merkt, dass es ihm schwer fällt zu verzichten. Fabian wird es ganz mulmig. Wird er seinen Vater nun nie mehr sehen? Wird er ihn verlieren? Auch Sophie wird ganz still. Da sagt die Mutter: «Aber Papa wird natürlich trotzdem immer euer Papa bleiben und euch lieb haben. Ihr werdet ihn oft besuchen. Ihr könnt ihm viel telefonieren und ihr könnt auch zu ihm in die Ferien gehen.» Sophie und Fabian sind sehr erleichtert und es kommt wieder Leben in sie. Sie

spüren, dass ihr Vater ihnen zuliebe verzichtet hat. Sie sind ihm sehr dankbar, weil dadurch alles einfacher wird und die Eltern sich nicht mehr wegen ihnen streiten. Sie haben plötzlich ganz viele Fragen wegen den Besuchen. Wie oft können sie zu Papa gehen? Dürfen sie auch bei ihm übernachten? Sophie will wissen, ob sie einen Besuch auch verschieben kann, wenn sie mit ihren Kolleginnen etwas Wichtiges los hat. Und noch vieles mehr. Sophie und Fabian dürfen auch ihre Wünsche äussern und den Eltern mitteilen.

WAS DEINE ELTERN UND DAS GERICHT REGELN MÜSSEN

Nun ist es für Sophie, Fabian und Klein-Anna also klar geworden, dass sich ihre Eltern scheiden lassen wollen. Damit die Scheidung aber richtig gilt, müssen sie noch zum Gericht gehen. Der Richter muss nämlich die Vereinbarung, welche die Eltern getroffen haben, genehmigen. In dieser Vereinbarung steht, wie der Kontakt zwischen den Kindern und den Eltern geregelt wird und wer die Verantwortung für die Kinder hat. Sicher steht in der Vereinbarung auch etwas darüber, wie das Geld aufgeteilt wird und wie die Ferien organisiert sind. Diese Vereinbarung wird auch Konvention genannt.

DU HAST DAS RECHT, ZU BEIDEN ELTERN KONTAKT ZU HABEN.

Wenn du wissen möchtest, wie deine Eltern die Besuche beim anderen Elternteil geregelt haben, kannst du sie fragen. Wahrscheinlich interessiert es sie auch, mit dir darüber zu reden, denn sie möchten sicher für dich die beste Lösung finden. Es ist nämlich so, dass jedes Kind das Recht hat, zu beiden Eltern Kontakt zu haben. Darum ist es für dich wichtig, dass du den anderen Elternteil, mit dem du nicht zusammen wohnst, regelmässig sehen und mit ihm etwas unternehmen kannst. In der ersten Zeit ist dieser Wechsel zwischen den Eltern vielleicht nicht ganz einfach. Aus alltäglichen Kleinigkeiten entsteht manchmal ein Streit, z. B. wenn nicht klar ist, wo die Fussballschuhe oder die Lieblingskleider sind, wenn sie gerade gebraucht werden. Es lohnt sich aber, verschiedene Formen von Kontakten (z.B. Besuche, Telefon, Briefe, E-mail) auszuprobieren, bis eine Lösung gefunden ist, die alle befriedigt. Am besten ist es, wenn du immer wieder mit beiden Eltern redest und ihnen sagst, was für dich wichtig ist. Dann wirst du sehen, dass manchmal die Trennung der Eltern die beste Lösung ist, auch wenn dies am Anfang immer Schmerzen bereitet.

UND WER HAT DIE ELTERLICHE VERANTWORTUNG FÜR DICH?

Im Gesetz heisst diese Verantwortung «elterliche Sorge». Wenn eine Familie zusammen ist, haben die Eltern immer gemeinsam die Verantwortung für ihre Kinder. Dies ist auch in der Trennungszeit so. Bei der Scheidung aber wird die elterliche Sorge in den meisten Fällen entweder der Mutter oder dem Vater zugeteilt. Das bedeutet, dass dieser Elternteil die ganze Verantwortung für dich hat, auch wenn du regelmässig Kontakt zum anderen Elternteil hast. Dieser kann trotzdem auch an den Elternabend in die Schule kommen, mit dir in die Ferien gehen oder andere Sachen mit dir teilen. Für wichtige Entscheidungen aber oder zum Beispiel fürs Unterschreiben von deinem Zeugnis ist der Elternteil mit der elterlichen Sorge verantwortlich.

Wenn die Eltern miteinander auskommen, können sie beim Gericht wünschen, dass sie auch nach der Scheidung die so genannte «gemeinsame elterliche Sorge» haben. Das heisst dann, dass sie beide weiterhin wie bis jetzt zusammen für dich verantwortlich sind. Der Unterschied für dich zu früher ist nur, dass deine Eltern nicht mehr am gleichen Ort wohnen. Mit der gemeinsamen elterlichen Sorge möchten sie ausdrücken, dass sie gemeinsam die Verantwortung für dich tragen wollen, auch wenn sie nicht mehr als Mann und Frau zusammenleben. Du wirst dann zwar trotzdem hauptsächlich bei einem Elternteil wohnen, deine beiden Eltern haben aber gleich viel zu sagen und müssen Entscheidungen über dich gemeinsam treffen. Dazu müssen sie miteinander ohne Streit diskutieren können.

Es gibt auch Eltern, die sich nicht einigen können. Wenn beide die elterliche Sorge allein haben wollen, kommt es zum Sorgerechtsstreit. Dann muss das Gericht entscheiden, ob die elterliche Sorge der Mutter oder dem Vater zugeteilt wird. Für dich als Kind ist dies eine ganz stressige Situation, wenn sich deine

Eltern um dich streiten. Du hast ja beide Eltern gern und möchtest beide nicht verletzen. Weil das Gericht weiss, dass Kinder sich eigentlich nicht zwischen Vater und Mutter entscheiden können, braucht es in diesem Fall eine aussenstehende, erwachsene Person, einen so genannten Beistand oder eine Beiständin. Diese Person arbeitet meistens beim Jugendamt oder beim Sozialamt. Er oder sie hat den Auftrag dem Kind in dieser schwierigen Frage zu helfen, damit es sich nicht allein gelassen fühlt und seine Rechte im Gerichtsverfahren wahrnehmen kann. Wenn du in dieser Situation bist, empfehlen wir dir, offen mit dieser Person zu reden, auch wenn es dir vielleicht schwer fällt. Versuche, ihr alle deine Sorgen und Gefühle anzuvertrauen.

UND WER INTERESSIERT SICH FÜR DEINE MEINUNG?

Wie schon gesagt wissen die Richter, dass jede Scheidung für betroffene Kinder eine schwierige Sache ist. Als Kind hast du keinen Einfluss darauf, ob die Eltern sich scheiden lassen wollen. Trotzdem steckst du mittendrin. Auch wenn es der Entschluss der Eltern ist, hat doch jedes Kind eine eigene Meinung. Und diese Meinung interessiert den Richter oder die Richterin. Er oder sie laden deshalb die betroffenen Kinder ein, damit sie hören können, was sie denken. Diese Anhörung findet entweder im Gerichtsgebäude oder auf einer Beratungsstelle statt und dauert ca. eine halbe Stunde. Der Richter oder die Beratungsperson will mit dir ins Gespräch kommen, um zu hören, was sich wegen der Scheidung zuhause alles verändert, wie es in der Schule geht und wie die Besuche beim anderen Elternteil sind. Vielleicht hast du auch eine Vorstellung, was in deiner Familie noch anders oder besser organisiert werden kann. Wenn du Fragen oder Wünsche hast, kannst du diese der Anhörungsperson mitteilen, z.B. wenn du wissen möchtest, was deine Eltern von der Anhörung erfahren werden.

Für dich ist es wichtig zu wissen, dass die Anhörung eine Hilfe sein soll. Wenn du dich aber eher ausgehorcht oder unter Druck gesetzt fühlst, darfst du dies offen sagen. Und denke daran, dass du nichts entscheiden musst. Es sind deine Eltern, die entscheiden müssen. Und wenn sie sich nicht einig sind, tut es das Gericht.

WAS WIRD NACH DER TRENNUNG ANDERS?

In jeder Familie, in der es zu einer Trennung und Scheidung kommt, verändert sich einiges. Es ist gut möglich, dass du, deine Geschwister und Mutter oder Vater – je nachdem, mit wem du wohnst – nach der Trennung zügeln müssen. Das ist eine grosse Umstellung. Vielleicht hast du dann kein eigenes Zimmer mehr. Oder du hast weniger Platz für deine Sachen und zum Spielen. In einer neuen Wohnung ist alles neu und anders und du musst dich zuerst daran gewöhnen. Von deinen Freunden musst du Abschied nehmen und es braucht einige Zeit, bis du am neuen Ort wieder Kameradinnen und Kameraden gefunden hast. Auch die Schule musst du dann wechseln und bekommst neue Lehrerinnen und Lehrer. Die Klassenkameraden werden dich am Anfang neugierig anschauen. Vielleicht ist die neue Klasse mit dem Stoff schon weiter und du musst schauen, dass du den Anschluss findest. Wenn du Sport treibst oder zum Beispiel Flöte spielst, wird es für dich eine Umstellung sein, wenn du an einem anderen Ort neu anfangen musst.

Aber auch wenn du die Schule nicht wechseln musst, kann es sein, dass du plötzlich Probleme bekommst und schlechte Noten machst. Vielleicht studierst du viel darüber nach, warum deine Eltern auseinander gegangen sind. Oder du fühlst dich nicht gut, weil deine Kameraden Fragen stellen, die dir unangenehm sind.

Überlege dir einmal: Wenn dein Freund oder deine Freundin dich fragt, warum dein Vater/deine Mutter nicht zuhause ist – was antwortest du?

Vielleicht würde auch deine neue Lehrerin oder dein neuer Lehrer dich besser verstehen, wenn ihr oder ihm deine Lage bekannt wäre. Du musst wissen, dass du mit solchen Problemen nicht alleine bist. Den meisten Kindern in dieser Situation geht es genauso und es braucht einige Zeit, bis es wieder besser geht. Wenn du dich damit abgefunden hast, dass du an der Trennung nichts ändern kannst, und du sicher bist, dass du keine Schuld daran hast, wird sich deine Lage bessern.

Die Kinder der Familie Tausend haben noch Glück, weil sie die Wohnung nicht wechseln müssen. Bei ihnen ist es ja der Vater, der weggezogen ist. Trotzdem gibt es bei ihnen durch die Trennung einschneidende Veränderungen.

Frau Tausend geht wieder arbeiten, weil das Geld sonst nicht für alle reicht. Sie hat eine Teilzeitstelle als Verkäuferin in einer Modeboutique gefunden. Jeden Dienstag-, Donnerstag- und Freitagnachmittag ist die Mutter also nicht zuhause. Am Dienstag- und Donnerstagnachmittag haben Sophie und Fabian jeweils Schule und Klein-Anna darf dann zu ihrer Patin gehen. Aber am Freitagnachmittag, wenn Sophie frei hat, muss sie Klein-Anna hüten. Das passt Sophie gar nicht.

Sie ist viel lieber mit ihrer Freundin zusammen oder macht sich in ihrem Zimmer einen gemütlichen Nachmittag. Meistens muss sie dann auch noch einkaufen gehen, weil die Mutter nach Ladenschluss keine Zeit mehr dazu hat. Wenn die Mutter abends müde nach Hause kommt, ist sie oft gereizt und schreit die Kinder wegen der Unordnung in der Wohnung an. Wenn Fabian ihr dann die Aufgaben zeigen will, sagt sie, sie habe keine Zeit. Sophie hasst diese Stimmung am Abend richtig und verzieht sich meistens in ihr Zimmer. So muss sie das Geschrei von Klein-Anna nicht mit anhören, wenn diese nicht ins Bett gehen will. Fabian setzt sich meistens vor den Fernseher, was aber Streit mit der Mutter gibt, weil sie damit nicht einverstanden ist.

Sophie, Fabian und Klein-Anna finden es also gar nicht toll, dass ihre Mutter arbeiten geht. An einem Sonntag beim Mittagessen kommen sie einmal im Gespräch darauf. Sophie sagt der Mutter ihre Meinung dazu. Frau Tausend erklärt ihren Kindern, dass ihre Berufstätigkeit nötig ist, weil sie sonst zu wenig Geld hätten. Sie müsse auch so jeden Monat rechnen, um alles bezahlen zu können. Abgesehen davon arbeite sie gerne; es mache ihr Spass, unter die Leute zu kommen. «Ihr wisst ja, dass wir uns aus diesem Grund auch kein Auto mehr leisten können», fügt Frau Tausend noch bei.

Fabian will das nicht verstehen. «Fast alle Kinder in meiner Klasse haben zuhause ein Auto – nur weil du dich mit Vater nicht verstanden hast, müssen wir uns nun alle einschränken», reklamiert er. Dann benützt er die Gelegenheit und fährt fort: «Im Übrigen habe ich dir schon mehrmals gesagt, dass ich neue Fussballschuhe brauche.» Aber Frau Tausend weiss nicht, woher sie das Geld für so teure Schuhe nehmen soll. Um Fabian nicht allzu sehr zu enttäuschen, macht sie den Vorschlag, er könne ja seinen Vater fragen. «Euer Vater hat ja mehr Geld als wir!»

Frau Tausend ist froh, ihren Kindern sagen zu können, dass sie nicht nur zu ihrem Vergnügen arbeiten geht. Weil sie darauf angewiesen ist, dass alle mithelfen, verspricht sie Sophie, ihr für das Hüten am Freitagnachmittag mehr Sackgeld zu geben. Und Fabian versichert sie, dass er dafür im Fernsehen am Freitagabend regelmässig die Sportsendung anschauen dürfe, was er sich schon lange gewünscht hat.

Wir haben die Frage, was sich nach der Trennung der Eltern verändert hat, auch den anderen Kindern gestellt: «Was denkst du, ist das Schlimmste für ein Kind, wenn sich die Eltern scheiden lassen?»

– Ich bin traurig, weil mein Vater nicht jeden Abend nach Hause kommt. (Reto, 9)
– Das Schlimmste ist, dass ich Papa so wenig sehe. (Regula, 7)
– Dass zum Beispiel die Mutter arbeiten gehen muss. Nun muss ich selber aufstehen und frühstücken. Wenn man nach Hause kommt, ist auch niemand da. Zuerst fühlt man sich vernachlässigt, aber nach und nach wird man viel selbstständiger. (Matthias, 15)
– Für mich, dass Papa nicht mehr bei uns ist, ja einfach, dass es keine Familie mehr ist. (Nicole, 14)
– Das Schlimmste für mich war eigentlich mit ansehen zu müssen, wie die Mutter darunter gelitten hat, dass der Vater nicht mehr da war. Auch ist es schlimm einen Menschen, den man im Grunde genommen sehr gerne hat, einfach so zu verlieren. (Sandra, 18)
– Man verliert etwas unheimlich Wichtiges. Ich würde sagen, einen Bestandteil meines Lebens. Es ist schwierig überhaupt damit fertig zu werden, nicht den Kopf hängen zu lassen, sondern vielleicht auch Positives daran zu sehen und sich wieder aufzurichten, mit der Situation fertig zu werden. (Thomas, 17)

Weiter fragten wir: «Welche Probleme sind seit dem Auszug deines Vaters oder deiner Mutter grösser geworden?» Die befragten Kinder erlebten genau das Gleiche wie Fabian und Sophie:

– Vorher hatten wir keine Geldprobleme. Jetzt müssen wir aufpassen. (Sonja, 14)
– Meine Mutter muss jetzt alles alleine erledigen, zum Beispiel im Garten. (Erika, 13)
– Weil meine Mutter jetzt wieder arbeiten muss, hat sie weniger Zeit und ist nervöser. (Roland, 15)
– In der Schule ging es nicht mehr so gut. Ich musste immer an meine Eltern denken. Ich war viel alleine. (Sandra, 16)
– Seit der Trennung muss ich mehr auf meine jüngeren Geschwister aufpassen. (Rolf, 17)

«Musst du wegen der Trennung mehr mithelfen, und wie ist das für dich?»

Über die Hälfte der befragten Kinder muss wegen der Trennung mehr mithelfen. Sie tun dies im Allgemeinen nicht besonders gern. Aber sie sehen ein, dass es notwendig ist. Hier einige Antworten:

– Ja, das muss ich und natürlich ärgert es einen immer. (Peter, 15)
– Ja, ich muss mehr machen, aber das gehört nun mal dazu. Schlimm ist es nicht und ich merke, dass ich selbstständiger werde. (Marc, 17)
– Ja, wir machen den Haushalt alleine. Manchmal fällt es mir schwer, weil es ein bisschen viel ist, und es gibt auch manchmal Krach. Aber ich glaube, wir machen es im Grossen und Ganzen gut. (Sonja, 19)
– Nein, musste ich nicht. Meine Mutter hat mich und meinen Bruder aus Mitleid ziemlich verwöhnt. (Brigitte, 18)
– Nein, denn meine Mutter arbeitet immer noch gleich viel wie vor der Scheidung und dadurch hat sich nichts geändert. (Petra, 18)
– Nein, ich muss schon helfen, aber mehr ist es nicht. (Regula, 12)

Im Gespräch mit vielen so genannten Scheidungseltern und Scheidungskindern haben wir immer wieder erfahren, dass eine Trennung nicht nur negative Seiten hat. Weil es uns wichtig scheint, auch die positiven Seiten zu sehen, wollen wir nicht vergessen, auch über diese zu schreiben. Zuerst aber sollt ihr lesen können, welche Vorteile die anderen Kinder in einer Trennung sehen können.

«Was hat sich bei euch zuhause seit dem Auszug verbessert oder beruhigt?»

– Die ganze Familie kommt seither besser miteinander aus. (Anna, 14)
– Meine Mutter ist viel ruhiger und nicht mehr so aggressiv. (Daniel, 11)
– Es ist niemand mehr, der bei uns herumnörgelt. (Kathrin, 13)
– Wir reden mehr miteinander über Probleme wie beispielsweise in der Schule oder mit den Schulkameraden. (Nina, 13)

Auch die Kinder der Familie Tausend merken, dass die Trennung ihrer Eltern neben allen Schmerzen sogar Vorteile bringt. Sophie zum Beispiel findet, dass sie mit ihrer Mutter besser auskommt. Wenn sie Klein-Anna hütet, kann sie die Mutter richtig vertreten. Am Abend reden sie manchmal zusammen über Klein-Anna und die Mutter gibt Sophie Ratschläge und lobt sie. Die Mutter sagt zu Sophie, dass sie sehr froh ist, wenn sie einkaufen geht, sie sei damit eine grosse Hilfe. Sophie merkt, dass ihre Mutter sie ernst nimmt. Wenn sie an ihre Schulkolleginnen denkt, stellt sie fest, dass sie über das Haushalten besser Bescheid weiss als viele Kameradinnen und Kameraden. Sie fühlt sich dann wie Susanne (16), die in der Umfrage geschrieben hat.

«Man wird stark und selbstständig. Ich habe sehr viel dazugelernt, beispielsweise, dass ein Mensch sich seinen Problemen stellen muss und diese nicht einfach auf die Seite schieben darf.»

Seit Herr Tausend ausgezogen ist, hat sich einiges beruhigt. Fabian kann wieder besser schlafen und es gibt eindeutig weniger Streit, zum Beispiel wenn er am Mittwochabend nicht ganz pünktlich vom Fussballtraining heimkommt. Der Vater hatte es da immer sehr genau genommen. Bei zehn Minuten Verspätung gab es schon grosse Diskussionen, aus denen oft Streit entstand, weil sich die Mutter einmischte. Sie war da nicht gleicher Meinung wie der Vater und fand, dass dieser grosszügiger hätte sein können. Ein Wort gab das andere und schon war der Streit da. Fabian jedenfalls findet, dass er heute diesbezüglich mehr Freiheiten hat. Eine der allerwichtigsten Veränderungen nach der Trennung betrifft die Besuche beim anderen Elternteil. Die Kinder können ihren Vater oder ihre Mutter nur noch hin und wieder sehen. Das ist etwas ganz Neues und macht jedesmal wieder deutlich, dass die Familie nicht mehr mit Vater und Mutter zusammenlebt. In einigen Fällen kann das Probleme geben.

Bei der Familie Tausend ist es so, dass die Kinder am Anfang nur am Sonntag zu ihrem Vater gehen. Herr Tausend hat nämlich nach seinem Umzug ein Zimmer gemietet. Da ist für die Kinder zu wenig Platz zum Übernachten. Aber auch zum Spielen hat es wenig Platz. So wird es Fabian, Sophie und Klein-Anna manchmal richtig langweilig, weil sie dort nichts machen können. Zum Essen müssen sie immer ins Restaurant gehen, weil es im Zimmer beim Vater keine Küche und keinen Tisch und zu wenig Stühle gibt. Am Anfang finden die Kinder es im Restaurant toll, aber mit der Zelt verleidet es allen. Die Besuche finden dann immer weniger häufig statt. Wenn eines der Kinder mit dem Vater etwas besprechen will, muss es oft lange warten. Zum Beispiel geht es Fabian so, als er den Vater wegen der neuen Fussballschuhe fragen will. Als er endlich einmal Gelegenheit dazu hat, wird der Vater wütend, als er hört, dass die Mutter behauptet, er habe mehr Geld und könne darum die Schuhe schon kaufen. Der Vater rechnet seinem Sohn vor, wie viel Geld er für die Kinder bezahlen muss. (Diesem Geld sagen wir übrigens Alimente.) Dem Vater bleibt für sich selber nur noch wenig zum Leben. Dann gibt er Fabian den Auftrag, der Mutter auszurichten, dass es ihre Sache sei, für Turnschuhe zu sorgen. Für Fabian ist das eine sehr unangenehme Situation. Er findet, dass er nichts dafür kann, wenn der Vater viel zahlen muss. Und als er es der Mutter ausrichtet, wird diese wieder böse auf den Vater.

Auch für Herrn Tausend ist die Situation schwierig. Seine Kinder werden grösser und erleben vieles, von dem er nichts weiss. Er kann sich oft gar nicht vorstellen, wie es ihnen wirklich geht. Und was soll er mit ihnen bei den Besuchen machen? Sie haben so verschiedene Interessen. Herr Tausend hat oft das Gefühl, er könne es den Kindern gar nicht recht machen. Und manchmal hat er auch Angst, dass sie ihn ablehnen, ihm fremd werden oder ihn nicht mehr gern haben.

So wird das Verhältnis zwischen Herrn und Frau Tausend immer gespannter. Wenn Herr Tausend die Kinder abholt, will er seine Frau nicht mehr antreffen. Er wartet vor dem Haus, bis die Kinder bereit sind. Und die Besuche werden für die Kinder immer unerfreulicher.

Zum Glück ändert sich nach Ostern etwas. Herr Tausend, der mit dem Leben in dem engen Zimmer nicht zufrieden ist, findet eine 3-Zimmer-Wohnung. Dort ist genügend Platz, dass alle drei Kinder übernachten können. Sie freuen sich sehr auf das nächste Besuchswochenende und sind gespannt darauf, wie der Vater ihr Zimmer eingerichtet hat. Mit dem Umzug in die grössere Wohnung hat sich bei Herrn Tausend noch etwas anderes verändert. Er hat diese Wohnung nämlich mit seiner Freundin, Silvia Neukomm, gemietet. Sie wohnen zusammen und haben einen gemeinsamen Haushalt. Die Kinder haben Silvia – wie sie sie nennen – schon vor einiger Zeit kennen gelernt, weil sie manchmal dabei war, wenn sie alle zum Essen ins Restaurant gingen. Fabian mag diese Frau nicht. Er findet, dass sie sich zu viel einmischt. Zum Beispiel will sie nach dem Mittagessen immer spazieren gehen. Fabian denkt, dass der Vater nicht mit ihm ins Fussballstadion kommt, weil Silvia nicht mitkommen will und er sie nicht allein lassen möchte. Auch Sophie ist nicht gerade begeistert von Silvia. Sie findet sie langweilig und altmodisch, doch bei ihr ist es nicht so schlimm wie bei ihrem Bruder. Fabian hasst Silvia mit der Zeit richtig und will den Vater nicht mehr besuchen gehen. Der Vater glaubt aber, Fabian sei von der Mutter beeinflusst und wolle deshalb nicht mehr kommen. Frau Tausend mag Silvia nämlich auch nicht. Sie hat sich schon einige Male negativ über sie geäussert. Zum Vater sagt Frau Tausend, dass sie Fabian doch nicht zwingen kann ihn zu besuchen.

Es wird nötig, dass Herr und Frau Tausend miteinander über die unbefriedigende Situation sprechen. Sie treffen sich in einem Café in der Stadt. Dort vereinbaren sie, dass auch Fabian zum Vater gehen muss. Der Vater nimmt sich vor, einmal mit Fabian allein an ein Fussballspiel zu gehen. Fabian schickt sich in der Folge in die Abmachung der Eltern und ist sogar richtig erleichtert darüber, dass die ungemütliche Stimmung vorbei ist.

Wir haben die Kinder aus der Umfrage auch gefragt, wie sie es mit den Besuchen beim ausserhalb lebenden Elternteil halten. Hier einige Antworten zur Frage: «Haben sich deine Eltern über die Besuche beim anderen Elternteil geeinigt?»

- Sie haben sich geeinigt und wir dürfen zur Mutter gehen, wann wir wollen. (Rolf, 15)
- Meine Eltern machen das untereinander ab. (Therese, 12)

- Die Eltern machen das ab, wenn wir nicht da sind. (Regula, 12)
- Am Anfang hat es manchmal Streit gegeben wegen der Besuche. Jetzt haben sich die Eltern auf die gemeinsame Sorge geeinigt. Sie haben mir gesagt, wie sie es mit den Besuchen machen werden, und so ist es auch gut für mich. (Elia 13)
- Als ich noch bei der Mutter lebte, war es klar, wann die Besuche beim Vater stattfinden. Mutter erinnerte sich daran. Jetzt gehe ich selber. (Brigitte, 20)
- Meine Mutter lässt mich zum Vater gehen. Den genauen Tag mache ich mit meinem Vater selber ab, das haben die Eltern so vereinbart. (Dorothea, 16)
- Sie haben sich schon vor Gericht geeinigt. (Pascal 14)

Manchmal können sich Eltern nicht einigen, weil sie sich gegenseitig nicht mehr vertragen. Das gibt dann Reibereien, unter denen auch die Kinder leiden.

- Manchmal streiten sie. Der Vater möchte uns sehen. Einmal im Monat ist auch für uns zu wenig. Aber die Mutter sagt, das habe das Gericht so beschlossen und das könne man nicht ändern. (Esthi, 16)
- Ja, ich glaube, sie stritten darum. (Rosmarie, 29)
- Es gibt Streit, weil die Mutter es nicht gerne hat, wenn seine Freundin bei den Besuchen dabei ist. Das stinkt mir auch! (Ruth, 16)

Einige Kinder konnten auf unsere Frage: **«Wie war dir zumute, wenn du deinen Vater oder deine Mutter besuchst?»** gut beschreiben, wie sie sich dabei fühlen.

- Im Moment gehe ich nicht sehr gerne. Es ist auch noch nicht lange her, seitdem mein Vater ausgezogen ist. Ich will eine Pause. Ich freue mich sicher auch wieder mehr, ihn nach einer Pause zu sehen. (Kathrin, 13)
- Am Telefon werde ich traurig. Aber sonst geht es mir irgendwie besser, wenn ich den Vater wieder gesehen habe. (Nicole, 13)
- Beim ersten Mal hatte ich vorher Angst. Jetzt ist es vielleicht auch ein wenig Neugier. (Ursula, 14)

Hier kannst du schreiben, wie es dir bei den Besuchen geht:

Möchtest du etwas daran ändern? ja ❑ nein ❑
Wenn ja, was?

Wie wir in der Umfrage feststellen konnten, ist es für alle Kinder eine Erleichterung, wenn die Eltern die Besuche regeln und sich dabei einigen können. Die Frage lautete: **«Ist es für dich eine Erleichterung, wenn sich die Eltern einig sind?»**

Hier einige Antworten:

- Ja und wie, eine Belastung wie diese würde mich fertig machen. (Christoph, 15)
- Ja, eine sehr grosse sogar! (Nina, 11)
- Ja, sicher, denn so hat niemand etwas dagegen, wenn man sich so oft wie möglich sieht. (Sabine, 17)
- Ja, das würde mir zu schaffen machen, wenn sie sich ständig um uns streiten würden. (Vreni, 14)
- Früher waren sie sich nicht einig. Ich habe sehr darunter gelitten. Wenn man das nicht erlebt hat, weiss man nicht, wie schlimm das ist. (Christine, 15)

Die Besuche sind vor allem am Anfang für alle schwierig, für den Vater, für die Mutter und für die Kinder. Alle müssen sich anstrengen und etwas dazu beitragen, dass die Besuche beim Vater oder bei der Mutter angenehm sind:

Die Mutter oder der Vater, bei der/dem die Kinder wohnen, muss die Kinder gut auf die Besuche vorbereiten und Verständnis dafür aufbringen, dass die Umstellung von «Mamas Welt» auf «Papas Welt» und umgekehrt für die Kinder nicht einfach ist und sie manchmal gereizt oder unzufrieden reagieren.

Der Vater oder die Mutter, den/die die Kinder besuchen, muss sich überlegen, was er oder sie mit den Kindern unternehmen kann, damit alle das Zusammensein geniessen können. Er oder sie muss sich auch Mühe geben und seine/ihre Kinder spüren lassen, dass er/sie weiterhin ihr Vater/ihre Mutter ist.

Auch ihr Kinder könnt sehr viel dazu beitragen, dass die Besuche gut gelingen. Zum Beispiel:

- ❑ Vater oder Mutter von Dingen erzählen, die ihr in der Zwischenzeit zuhause erlebt habt.
- ❑ Vater oder Mutter mitteilen, was ihr gerne während des Besuches unternehmen möchtet (am besten schon vor dem Besuch, mit einem Brief oder am Telefon).
- ❑ Vater oder Mutter sagen, was ihr an den Besuchstagen für Aufgaben übernehmen möchtet. (Es kann dir als Kind das Gefühl geben, dass du beim Vater/bei der Mutter mehr «dazugehörst», wenn du beispielsweise am Besuchswochenende immer die Katze fütterst!).
- ❑ Sage deinem Vater/deiner Mutter, was du für Wünsche hast, die dir wichtig sind, zum Beispiel dass du beim Zubettgehen gerne eine Geschichte hörst.
- ❑ Erzähle deiner Mutter/deinem Vater vom Besuch und was du alles erlebt hast, wenn du wieder zuhause bist.

Du kannst ankreuzen, was du gerne tun möchtest. Je mehr, desto besser!

Überlege dir, was du sonst noch beitragen kannst:

____

____

Wir möchten dir nun folgende Ratschläge geben:

1. Wenn du Probleme hast mit den Besuchen, solltest du versuchen, mit beiden Eltern zu reden. Sage ihnen, dass du darunter leidest, wenn sie sich nicht einig sind. Vielleicht wissen deine Eltern gar nicht genau, wie es um dich und deine Geschwister steht! Bitte sie zusammen darüber zu reden.

2. Oft kommt es vor, dass die Besuche unangenehm sind, weil niemand so recht weiss, was man miteinander tun soll. Wir raten dir hier: Überlege, was du gerne machen würdest, und sage es! Gib die Besuche deswegen nicht auf.

3. Es gibt auch immer wieder Missverständnisse, vor allem am Anfang: Du wartest beispielsweise lange auf deinen Vater oder deine Mutter, bis er oder sie dich abholt, oder du wartest vergeblich auf einen Anruf. Wenn dies oft vorkommt, solltest du ihm oder ihr sagen, dass es für dich schlimm ist. Bitte ihn oder sie darum, es anders zu machen.

Jede Trennung und Scheidung bringt viele Veränderungen mit sich. Das lässt sich nicht vermeiden.

Preisfrage:

Stell dir folgende Situation vor: Eine Mutter gibt ihrem Kind vor dem Besuchstag Anweisungen, was es dem Vater alles sagen soll, zum Beispiel, dass sie das Geld nicht bekommen hat, dass er sie nicht mehr anrufen soll, dass sich seine Freundin nicht einmischen soll usw. **Frage: Was soll das Kind antworten?**

Antwort: «Sage ihm das bitte selber!»
oder «Ich bin dein Kind und nicht ein Brief-Kuvert!»

ICH HABE BEIDE ELTERN GERN
UND ICH MÖCHTE VON BEIDEN GELIEBT WERDEN

Herr und Frau Tausend haben sich also geeinigt, dass die drei Kinder bei der Mutter bleiben, und das Gericht hat dies auch gesetzlich so entschieden. Dies ist für Sophie, Fabian und Klein-Anna gut. Die Eltern haben den Kindern versprochen, dass sie nun den Papa jedes zweite Wochenende in der Stadt besuchen dürfen. Das haben sie seither immer gemacht. Ein paar Mal ist ihre Mutter aber am Sonntagabend, wenn sie zurückkommen, so komisch. Einmal bekommt Fabian von seinem Vater ein Foto, das er auf seinen Nachttisch stellt. Das sieht seine Mutter

nicht gerne. Auch Sophie hat gemerkt, dass ihre Mutter nicht richtig zuhören will, als sie von dem tollen Picknick am Fluss, das sie mit ihrem Vater erlebt haben, erzählen will. Es kommt ihr dabei in den Sinn, dass die Mutter schon ein paar Mal gegen den Vater gestichelt hat. Zum Beispiel findet sie, dass es der Vater viel leichter hat. Er dürfe die Kinder am Sonntag verwöhnen und mit ihnen schöne Ausflüge machen, während sie im Alltag die grosse Arbeit habe. In solchen Momenten denkt Fabian jeweils, dass er lieber beim Vater wohnen möchte. Es kommt vor, dass er dies seiner Mutter auch offen sag. Was dann zum Streit führt. Einmal sagt sie in der Wut sogar: «Dann geh halt, wenn du glaubst, dass du es dort schöner hast!» Sie ist aber auch traurig über das, was sie gesagt hat, und weint. Sophie ergreift dafür immer mehr für die Mutter Partei, weil sie von ihr hört, der Vater wiegle Fabian gegen die Mutter und die Schwester auf. Er habe Fabian nämlich versprochen, dass er in den nächsten Ferien allein auf eine grosse Bergtour mitgehen dürfe. Sophie findet das ungerecht, weil sie auch gerne mitgehen würde. Von da an weigert sich Sophie, jeden zweiten Samstag zum Vater zu Besuch zu gehen. Die Mutter aber verlangt, dass sie trotzdem geht.

Und wie ist es mit Klein-Anna in dieser Zeit? Jedesmal, wenn der Vater am Samstag kommt, um die Kinder abzuholen, versteckt sie sich unter dem

Küchentisch und will die Schuhe und die Jacke nicht anziehen. Meistens gibt es ein Geschrei, bis endlich alle bereit sind.

So wird es für Eltern und Kinder recht unangenehm, wenn sich bei dieser Gelegenheit Vater und Mutter begegnen. Für Sophie und Fabian heisst der grösste Wunsch je länger desto mehr: «Mama und Papa sollen wieder friedlich sein miteinander. Sie sollen sich beide um uns Kinder kümmern, auch wenn wir nicht mehr alle zusammenwohnen. Sie sollen nicht schlecht voneinander reden.»

Vielleicht geht es dir ähnlich. Aus den Antworten der Kinder, die an unserer Umfrage teilgenommen haben, kannst du sehen, dass du damit nicht alleine bist. Die meisten Kinder möchten, dass ihre Eltern auch nach der Scheidung noch Kontakt miteinander haben, sofern dies nicht erneut zum Streit führt.

Frage: «Sollten deiner Meinung nach die Eltern nach der Scheidung noch Kontakt haben?» Hier kannst du einige Antworten lesen:

– Ja, auf jeden Fall sollten sie miteinander reden können! (Matthias, 14)
– Wegen der Kinder sollten sie schon. (Elisabeth, 16)
– Ich fände das toll, aber meine Eltern können das nicht. (Nicole, 12)
– Ja, sonst kennen sie sich fast nicht mehr. (Roger, 9)
– Ich würde es sehr gut finden, aber sie machen es nicht! (Gregor, 9)

Manche Kinder haben auch Angst, dass bei solchen Begegnungen ein Streit ausbrechen könnte:

– Ja, wenn sie friedlich miteinander sein würden, sonst nicht. (Eva, 11)
– Wenn sie dann nicht vor den Kindern streiten. (Petra, 18)
– Ich wünsche es mir, aber ich kann es mir nicht vorstellen. Meine Mutter ist so verletzt, dass sie ausflippen würde! (Erika, 20)

Konntest du im Beisein deiner Mutter/deines Vaters sagen, dass du den anderen gut magst? Was hast du gedacht, wie deine Mutter/dein Vater reagieren werden?

Diese etwas heikle Frage wird von den befragten Kindern offen beantwortet. Die meisten dürfen ihrem Vater oder ihrer Mutter sagen, dass sie den anderen mögen. Einige machen das aus Rücksicht lieber nicht.

– Ja, das sagte ich auch. Das konnte ich zu beiden sagen. (Eveline, 12)
– Ja, sie wurden glaube ich nicht böse und reagierten ganz normal. (Petra, 10)
– Ja, denn ich mag beide gut. (Elisabeth, 12)
– Das habe ich beiden immer wieder gesagt. (Nicole, 12)
– Ich kann schon, aber ich tue es nicht, ich glaube, sie würden es nicht so gut vertragen. Es würde ihnen einen Stich geben wegen der Eifersucht. (Sonja, 17)
– Ich könnte schon, aber ich würde so etwas aus Rücksicht nie bekannt geben. Meine Mutter wäre wahrscheinlich enttäuscht. (Rolf, 15)
– Ich glaube schon, dass ich meiner Mama sagen kann, dass ich Papa gerne habe und umgekehrt. Meine Eltern haben die gemeinsame Sorge. Ich weiss nicht so recht, was das ist. Meine Eltern haben mir nur gesagt, dass beide auch nach der Scheidung für mich sorgen und mich weiter gerne haben. Das finde ich lässig. (Florian, 12)

Besonders heikel kann es werden, wenn getrennte Eltern sich zufällig treffen. Wir haben darum gefragt: **«Wie ist es für dich, wenn sich die Eltern zufällig treffen?»** Einige Kinder haben geantwortet:

– Toll. (Andreas, 7)
– Normal. (Ruth, 10)
– Nichts Besonderes. (Alexander, 11)
– Sie treffen sich meistens absichtlich, aber wenn das geschieht, begrüssen sie sich friedlich. (Regula, 12)
– Schön, dass sie sich wieder mal sehen. (Ruth, 10)

Es kann allerdings für ein Kind auch eine peinliche Situation sein:

– Peinlich. Ich habe dann irgendwie Angst, dass eine verkrustete Wunde wieder aufplatzt. (Rosmarie, 17)
– Stress, ich habe dann das Gefühl, dass ich meiner Mutter helfen muss. (Karin, 19)

Andere Kinder haben wir gefragt: **«Kannst du dir noch vorstellen, mit beiden Eltern gemeinsam etwas zu unternehmen, zum Beispiel in die Ferien zu gehen?»**

Bei dieser Frage zeigt es sich, dass viele Kinder glauben, das würde nicht gut gehen. Darum möchten sie lieber einzeln mit Vater oder Mutter die Ferien verbringen. Einige möchten natürlich auch am liebsten alleine oder mit Freunden in die Ferien gehen. Wenn du Lust hast, kannst du hier zeichnen, was du in den Ferien unternehmen könntest:

Mit der Mutter:

Mit dem Vater:

«Wie hast du es empfunden, wenn Verwandte parteiisch waren oder ein Elternteil über den anderen schlecht gesprochen hat?»

Das ist ein Punkt, der allen betroffenen Kindern schwer zu schaffen macht. Hier die Antworten von Erika, Esther, Elisabeth und Gabi:

- Ich konnte es nicht ausstehen! Es bedrückte mich, wenn jemand von meinem Vater schlecht sprach. (Erika, 20)
- Das stört mich sehr, ich verteidige dann immer diesen Elternteil, worauf der andere Elternteil empfindlich reagiert. (Esther, 17)
- Es hat mich sehr traurig gemacht, weil sie eigentlich über etwas geurteilt haben, von dem sie zu wenig wussten. Es ist sowieso nicht nur einer schuld, sondern beide haben vieles falsch gemacht. (Elisabeth, 19)
- Ich wurde auf den Elternteil böse, der das gemacht hat, auch bei Verwandten war das so. (Gabi, 10)

Besonders schwierig ist es, wenn Vater oder Mutter schlecht voneinander sprechen. Das haben wir ja bei der Familie Tausend gesehen. Manchmal sind auch Verwandte oder andere wichtige Leute parteiisch. Da ist es dann schwer für dich, etwas zu sagen.

Wer ist in deiner Familie parteiisch? Hier kannst du aufschreiben, welche Antwort du dieser Person geben möchtest:

Wir nehmen an, dass du von beiden, Mama und Papa, geliebt sein möchtest. Es kann aber sein, dass du eine Zeitlang Vater oder Mutter ungerecht findest und ihn oder sie ablehnst. Wenn du für einen Partei ergreifst, kann der andere böse auf dich sein. Dann bist du zwischen deinen Eltern hin- und hergerissen. Das passiert vielen Kindern, deren Eltern sich trennen, und alle leiden darunter. Hier möchten wir dir nochmals ein paar Ratschläge geben, wie du dich verhalten kannst, wenn deine Eltern nicht mehr gut miteinander auskommen.

1. Versuche wie Sophie, deinen ganzen Mut zusammenzunehmen, um ihnen zu sagen, dass du darunter leidest. Wenn deine Eltern sich zuhause oder auf der Strasse treffen und es zu einer peinlichen Situation kommt, könntest du zum Beispiel sagen: «Wenn ihr miteinander streitet, dann weiss ich nie, wem ich helfen soll, weil ich euch doch beide genau gleich gern habe. Merkt ihr nicht, dass ich darunter leide?» Wenn du das nicht kannst, lässt du die Eltern am besten allein. Wenn dir selber auch eine Antwort in den Sinn kommt, kannst du sie hier aufschreiben:

2. Erinnere dich an die Antworten auf Seite 90: Die meisten Kinder können ihrer Mutter oder ihrem Vater im Dabeisein des anderen Elternteils sagen, dass sie beide gern haben. Das kannst du auch! Auch wenn du das Gefühl hast, dass die Eltern das nicht gerne hören oder verletzt sind, mache es trotzdem. Du hast ein Recht darauf.

3. Auf jeden Fall solltest du dir eine erwachsene Person, zu der du Vertrauen hast, aussuchen und mit dieser darüber reden. Es sollte aber eine Person sein, die nicht gegen deine Mutter oder deinen Vater Partei ergreift.

Ich könnte mit ______________________________ darüber reden.

MEINE MUTTER HAT EINEN FREUND, MEIN VATER HAT EINE FREUNDIN: DIE PATCHWORK-FAMILIE

Mehr als zwei Jahre ist es nun her, seit die Eltern von Sophie, Fabian und Klein-Anna geschieden sind. Die Kinder wohnen mit der Mutter zusammen im alten Haus. Der Vater ist in die Stadt gezogen, er lebt dort mit Silvia Neukomm. Fabian und Klein-Anna gehen alle 14 Tage übers Wochenende zum Vater. Sophie ruft den Vater oft an oder trifft sich mit ihm am Abend. Die Kinder sind froh, dass ihre geschiedenen Eltern wieder miteinander reden können.

Für Sophie hat sich vieles verändert. Sie hilft der Mutter im Haushalt und hütet Klein-Anna. Manchmal wird es ihr auch zu viel, besonders dann, wenn ihr die Mutter ihre Sorgen anvertraut. Dann möchte sie sich lieber mit ihren eigenen Freundinnen und Freunden vergnügen.

Das Aufwachsen mit nur einem Elternteil bringt für Sophie, Fabian und Klein-Anna nicht nur Unangenehmes, sondern auch viel Positives mit sich. Sophie hat beispielsweise das Gefühl, für voll genommen zu werden, und Fabian weiss im Haushalt besser Bescheid als viele seiner Schulkameraden.

Und wie ist es bei dir? Welches sind für dich Vorteile und welches sind weniger gute Seiten der neuen Situation? Schreibe hier auf, was du daran gut findest und was du weniger gut findest und ändern möchtest:

Mir gefällt, dass ...

Ich finde nicht so gut, dass ...

Frau Tausend ist in letzter Zelt abends oft weggegangen. Das ist früher nie vorgekommen. Sophie weiss jetzt, dass ihre Mutter einen anderen Mann kennen gelernt hat. «Das gibt's doch nicht», denkt Sophie. Vielleicht hat die Mutter gedacht, sie schlafe schon. Doch sie bemerkt, wie die Mutter im Gang einen Mann küsst. Sophie ist überrascht, fast erschrocken, sie macht eine derart brüske Bewegung, dass die Nachttischlampe mit grossem Lärm zu Boden fällt. Auch Fabian wacht auf und kommt ins Zimmer gelaufen. Die Kinder beruhigen sich erst, als die Mutter sich auf den Bettrand setzt und ihnen erzählt, wer der neue Mann ist und wie sie ihn kennen gelernt hat. Er heisst Hugo, ist auch geschieden und lebt mit seinem achtjährigen Sohn Bastian zusammen. «Wir sind nächsten Sonntag alle bei ihm eingeladen», sagt die Mutter abschliessend.

So haben dann Sophie, Fabian und Klein-Anna Hugo und Bastian kennen gelernt. Sophie findet Hugo lässig. «Mit dem kann man sich gut unterhalten. Wenn er die Mutter mag und gut zu ihr ist, dann ist dies schon in Ordnung.» Sophie denkt: «Jetzt kann Mama ihre Sorgen mit Hugo besprechen und ich habe mehr Zeit für mich und meine Freunde.»

Fabian kann an diesem Abend fast nicht einschlafen. Er weiss nicht so recht, was er von Hugo denken soll. «Er ist eigentlich nett gewesen. Aber Bastian gefällt mir weniger. Mit dem kann man nicht vernünftig spielen. Der hat den ganzen Nachmittag an seinem Vater geklebt.» Aber das Motorrad von Hugo imponiert ihm. Fabian fragt sich weiter, ob er jetzt diesem Hugo gehorchen muss. «Kann ich ihn überhaupt gern haben? Und was denkt wohl mein Papa über diesen Hugo? Kann ich meinen Vater weiter besuchen, gern haben, mit ihm wieder die Ferien verbringen?» Fabian hat Fragen über Fragen.

Auch Klein-Anna ist verwirrt, vieles versteht sie nicht so recht. Sie begreift aber, dass nun ihr Papa nicht mehr zurückkommen wird.

Wie würdest du reagieren, wenn deine Mutter einen Freund, dein Vater eine Freundin (zum erstenmal) mit nach Hause bringt?

____

____

____

Sophie, Fabian und Klein-Anna erleben die Bekanntschaft mit Hugo ganz unterschiedlich. Alle Kinder machen sich Gedanken oder sorgen sich, wenn Vater oder Mutter einen Freund oder eine Freundin hat. Sicher wird es dich interessieren, was andere Kinder darüber denken. Hier sind einige der vielen Antworten der Kinder, die wir befragt haben. Du kannst auf der linken Seite ankreuzen, welche Antwort auf deine Situation am ehesten zutrifft.

- ❑ Meine Mama hat jetzt einen anderen Mann kennen gelernt. Ich kann mich noch nicht so freuen. (Petra, 12)
- ❑ Ich bin froh, dass er nicht glaubt, mein Papa zu werden. Das würde mir weniger gefallen, ich hab ja einen. (Thomas, 11)
- ❑ Ich mag es nicht, wenn mir mein Vater seine neuen Freundinnen vorstellt. (Theres, 17)

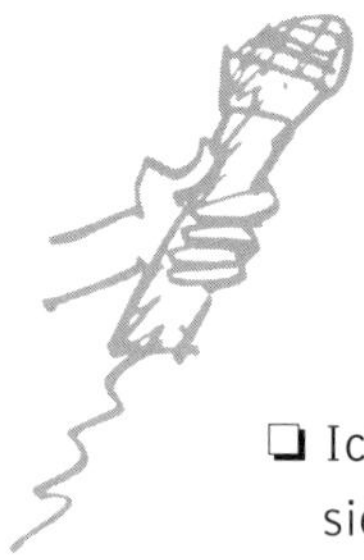

❑ Ich finde es gut, dass meine Mama wieder einen Mann hat. Jetzt ist sie nicht mehr so alleine. (Claudia, 16)

❑ Mein Vater hat schon lange eine andere Frau. (Angela, 11)

❑ Auch meine Mutter hat das Recht, einen Mann zu haben. Ich finde es gut zu sehen, wie gern meine Mutter ihren Freund hat. Es macht mich ein bisschen eifersüchtig. (Jacqueline, 18)

❑ Er machte mir Angst. Es passt mir nicht, wenn er befiehlt. Meiner Mutter folge ich schon. (Toni, 8)

❑ Die Frau meines Vaters ist immer so lieb zu mir und aufmerksam. Sie tut so, als ob ich ein armes Kind wäre. Mir wäre es viel lieber, wenn sie ganz natürlich mit mir wäre. (Rosi, 13)

❑ Meine Mutter hat mir erklärt, dass mit Papa alles gleich bleibt. Sie wisse ja, dass ich ihn gern habe. Und daran ändere sich auch in Zukunft nichts. Das finde ich gut so. (Judith, 10)

❑ Ich komme gut aus mit dem Freund meiner Mutter. Zu meinem Vater habe ich fast keinen Kontakt mehr. Ich weiss eigentlich auch nicht so recht weshalb. Hans hat mir gesagt, dass er so eine Art Freund und Onkel sein werde. Das habe ich gut gefunden, wie er das gesagt hat. (Felix, 12)

Vielleicht denkst du über den Freund deiner Mutter oder die Freundin deines Vaters ganz anders. Es ist nicht einfach für Eltern, mit ihren Kinder darüber zu sprechen. Oft fällt es auch den Kindern schwer. Aber es lohnt sich, wenn man es trotzdem macht. Für Thomas (11) war es eine grosse Hilfe, als ihm die Mutter sagte: «Ich habe nun einen anderen Mann kennen gelernt. Aber an der guten Beziehung zu deinem Vater wird sich nichts ändern.»

Manche Kinder möchten gerne mit Vater oder Mutter reden, wissen aber nicht so recht, wie sie es anstellen sollen. Noldi (10) hat zum Beispiel der Mutter auf einen Zettel geschrieben: «Ich muss sofort mit dir reden wegen dem neuen Mann. Ende.» und ihn auf Mutters Nachttisch gelegt. Es kann dir eine

Hilfe sein, wenn du hier deine Überlegungen dazu aufschreibst, bevor du mit deinen Eltern sprichst:

FRAU TAUSEND HEIRATET HUGO GUT (DIE PATCHWORK-FAMILIE)

Aus dem ersten Besuch von Frau Tausend, Sophie, Fabian und Klein-Anna bei Hugo Gut und seinem Sohn Bastian sind viele Begegnungen entstanden. Doch bevor wir sehen, wie es dort weiter geht, schauen wir uns Bastians Situation genauer an:

BASTIAN, DAS KIND VON LISA RICHTIG UND HUGO GUT

Bastian ist 10 Jahre alt. Seine Eltern haben sich vor vier Jahren scheiden lassen. Seither lebt Bastian bei seinem Vater, weil die Mutter eine Ausbildung im Computerbereich begonnen hat. Herr Gut kann seine Arbeit so einrichten, dass er genügend Zeit hat, sich um seinen Sohn zu kümmern. Ausserdem wird Bastian oft von seiner Grossmutter betreut.

Seine Mutter – Lisa Richtig – hat sich nach Abschluss ihrer Ausbildung im gleichen Ort eine kleine Wohnung gemietet, so dass Bastian sie oft dort besuchen kann. Manchmal geht er mehrmals in der Woche nach der Schule seine Mama besuchen. Da Bastians Mutter nach der Scheidung wieder ihren ledigen Namen tragen wollte, heisst sie seither Lisa Richtig, wie vor der Heirat mit Bastians Vater. Bastians Eltern konnten nach ihrer Scheidung besser miteinander über Bastian reden als vorher. Dies ist für Bastian sehr entlastend und er kann sich frei zwischen den beiden Wohnungen bewegen.

Diese Lösung konnte für Bastian gefunden werden, weil Frau Richtig und Herr Gut sich entschieden haben, die gleiche Verantwortung für ihr Kind zu tragen. Obwohl Bastians Eltern kein Ehepaar mehr sein wollen, sind sie sich einig, dass sie weiterhin beide für Bastian sorgen. Da sie als Eltern wieder gut miteinander reden können, beantragen sie vor der Behörde «die gemeinsame elterliche Sorge». Am besten liest du jetzt auf Seite 72 nach, was dies genau bedeutet. Da sich Lisa Richtig und Hugo Gut einig waren, konnte die Behörde ihrem Wunsch nachkommen. Inzwischen hat, wie ihr wisst, Bastians Vater Frau Tausend kennen gelernt und sie haben nach einiger Zeit beschlossen zusammenzuziehen.

Obwohl Bastian von nun an in der neuen Familie mit den Tausends zusammenleben wird, kann seine Mutter, Lisa Richtig, weiterhin die gleiche Verantwortung für ihn tragen wie bisher. Und selbstverständlich wird Bastian sie so oft besuchen und anrufen können wie bisher. Für Bastian ist dies sonnenklar!

DOCH NUN ZURÜCK ZU DEN TAUSENDS:

«Ich weiss gar nicht, was Mama so gut findet an Hugo», überlegt Fabian. «Der ist doch zu jung für Mama, seine Jeansjacke mag ich nicht. Auch sind seine Haare zu lang. Ich finde Väter mit Krawatten einfach besser.» Fabian hat wohl bemerkt, dass Hugo nicht rundheraus Partei für seinen Bastian ergreift, wenn sie sich geprügelt haben. «Das würde gerade noch fehlen, wenn der auch noch an mir herumnörgelte. Ich kann es schon schlecht ertragen, wenn Mama mich zurechtweist: ‹Sprich nicht mit vollem Mund›, ‹Sitz gerade am Tisch›, ‹Die Finger gehören nicht in die Nase›, ‹Bingo hat einen eigenen Teller› – ich mag das schon gar nicht mehr hören.» Sophie fällt auf, dass die Mutter bestimmt, wie lange sie fernsehen, ausgehen oder aufbleiben darf, während Hugo besonders auf Bastian schaut. «Hugo ist eigentlich ganz in Ordnung», denkt sie.

Klein-Anna findet Hugo und Bastian gute Spielkameraden. Selbst der Hund Bingo knurrt nicht mehr böse, wenn Hugo zu Besuch ist. Auch die Nachbarn finden Hugo sympathisch.

An einem Sonntagabend ruft Hugo Fabian zu: «Hol bitte den Kuchen und deck den Tisch fertig.» «Aber etwas ordentlich», fügt die Mutter an. «Nichts als Befehle – und ich mag es einfach nicht, wenn alles so ordentlich aussieht», brummt Fabian vor sich hin. Er deckt wieder einmal einen Teller zu viel. Alle wissen, dass dieser Teller für Papa bestimmt ist. Klein-Anna macht grosse Augen, als Hugo ein schönes Stück Kuchen auf «Papas» Teller legt. Sophie lacht Hugo verschmitzt zu, die Mutter streicht Hugo über sein langes Haar. Wenn schon alle beisammen sitzen, möchte die Mutter diese Gelegenheit benutzen und erklärt ein wenig aufgeregt, dass Hugo und sie demnächst heiraten werden. Fabian bleibt ein Stück Kuchen im Hals stecken. Er möchte losheulen, auf den Tisch schlagen, davonlaufen. Sophie findet das toll und klatscht in die Hände. Hugo sagt: «Es ist nicht einfach sich vorzustellen, dass wir alle unter dem gleichen Dach leben sollen. Sicherlich werde ich euch den Vater nicht wegnehmen oder ersetzen können. Ich sehe ja, wie gern ihr euren Papa habt, und daran soll sich in Zukunft nichts ändern. Ich bin euer zukünftiger Stiefvater.»

«Und ich bin die Stiefmutter von Bastian. Auch ich brauche viel Zeit, um Bastian besser kennen zu lernen. Kannst du dir vorstellen, Bastian, dass ich mit dir Schulaufgaben mache, dich ins Bett bringen und am Morgen wecken werde? Ich kann von dir nicht erwarten, dass du mich jetzt schon in dein Herz schliesst. Das ist auch nicht nötig, denn du hast ja deine Mama, Lisa Richtig. Ich bin nach wie vor für Klein-Anna, Fabian und auch für Sophie hauptverantwortlich, und Hugo bleibt es für Bastian. Ich erwarte aber von meinen Kindern, dass sie Hugo achten. Wir werden uns Mühe geben, dass wir miteinander auskommen», erklärt die Mutter.

«Es wird viel Zeit brauchen», meint Hugo zum Schluss, «bis wir alle zusammen eine neue Familie sind.»

Du siehst, auch Stiefväter und Stiefmütter machen sich viele Gedanken und stellen Fragen. Was denkst du zur Erklärung von Frau Tausend und Hugo Gut?

NUN LEBEN HUGO GUT UND BASTIAN MIT DER NEUEN FAMILIE

Jetzt wird wieder alles umgestellt. Mutter, Sophie, Fabian und Klein-Anna müssen sich wieder wie damals, als der Vater das Haus verliess, neu organisieren. Es hat so gut angefangen. Hugo gibt sich grosse Mühe, es allen recht zu machen. Einen heftigen Streit gibt es um die Zimmerverteilung. Mutter und Hugo möchten das Zimmer von Sophie. Ins Zimmer von Mutter sollen Fabian und Bastian einziehen. Jedes Kind sieht darin für sich eine Verschlechterung.

Sophie muss wieder mehr auf Klein-Anna aufpassen, wenn die Mutter und Hugo miteinander ausgehen. Bastian beklagt sich über die viele Küchenarbeit. Fabian schimpft, dass ihm die Fernsehwünsche von Bastian nicht passen. Bastian sei ein Langweiler, der keine Interessen habe, weder fürs Fussballspielen noch fürs Fischen. Beim Essen wolle er immer Coca-Cola trinken. Süssmost sei doch viel gesünder, und es sei typisch, dass Bastian sich vor jeder schwereren Arbeit drücke. Mutter und Hugo finden, dass dies nicht mehr so weitergehen kann. Sie raufen sich alle zusammen und erarbeiten einen Aufgaben-Plan. Wenn der Plan eine Woche eingehalten wird, dann gibt es einen Preis.

Aufgaben-Plan von Familie Gut/Tausend: Hier kannst du einen Aufgaben-Plan-Vorschlag machen und ihn mit Mutter/Stiefvater, Vater/Stiefmutter besprechen.

Manchmal lohnt sich ein Aufgaben-Plan, dann wissen alle, was sie zu tun haben. Fabian beklagt sich ab und zu beim Vater über Hugo und übertreibt dabei ganz gehörig. Als Hugo einmal lauthals reklamiert: «Ich kann nicht mehr. Es ist nicht zum Aushalten um dich herum», wird es für Fabian zuviel. Er läuft zum Vater. «Und was sagt die Mama, dass du fortgelaufen bist?», fragt der Vater. «Ja, die ist einverstanden», meint Fabian ausweichend. «Das verstehe ich jetzt

aber nicht. Sie hat doch, na ja, lassen wir das…», sagt der Vater. «Freust du dich denn nicht, mich hier zu sehen?» «Ja schon, aber weisst du, Fabian, deine Mutter und ich haben dies so gewollt und beschlossen, dass es besser ist, wenn ihr drei Kinder zusammenbleiben könnt.» Der Vater setzt sich zu Fabian und streicht ihm über die Haare. Vater und Fabian reden lange miteinander. Am meisten zu denken gibt Fabian die Geschichte, die ihm Vater dabei erzählt:

«Es waren einmal eine Mutter, ein Vater und ein Kind. Sie mochten nicht mehr zusammenleben. Beide Eltern wollten das Kind haben und jeder behauptete von sich, es sei besser, das Kind lebe bei ihm als beim anderen. Die Eltern liessen sich von einer weisen, alten Frau beraten. Die weise, alte Frau hörte sich die Sorgen beider Eltern an. Nach einer Weile nahm die weise, alte Frau das Kind, stellte es zwischen Vater und Mutter, zog auf dem Boden einen Kreis um das Kind herum und sagte: ‹Und nun versucht jeder von euch, du Mutter am linken Arm und du Vater am rechten Arm, das Kind aus dem Kreis zu ziehen. Wer es schafft, das Kind auf seine Seite zu ziehen, hat gewonnen und bekommt das Kind.› Beide Eltern zögern das Kind anzufassen, denn sie wissen, wenn beide gleichzeitig am Kind reissen, tut dies dem Kind sehr weh. ‹Nein, das kann ich nicht, das darf ich meinem Kind nicht antun, ich verzichte auf diesen sinnlosen Kampf›, schreit der Vater. Beide Eltern beginnen zu schluchzen. Die weise, alte Frau und die Mutter sind vom

Verhalten des Vaters beeindruckt. Beim Abschied übergibt die weise, alte Frau dem Vater einen kleinen Spiegel und sagt: ‹Jedes Mal, wenn du traurig bist, weil dein Kind nicht bei dir wohnt, dann schau in diesen kleinen Spiegel hinein. Der Spiegel wird dich daran erinnern, dass du sehr viel für dein Kind getan hast, weil du deine eigenen Bedürfnisse zurückgesteckt hast.›»

Fabian will von seinem Vater wissen, ob er auch über einen solchen «Wunderspiegel» verfüge und ob er viel hineinschaue. «Ja, ab und zu», sagt der Vater schmunzelnd. «Und ich bin sicher, dass Bastians Mutter auch einen solchen Spiegel hat.» «Wenn du findest, dass es besser ist», meint Fabian, «dann gehe ich jetzt wieder in Mutters Familie zurück. Begleitest du mich?»

Was meinst du zur Geschichte von Fabians Vater?

Zuhause schliesst die Mutter Fabian in die Arme. Vater und Mutter reden noch eine Zeitlang miteinander. Sie machen sich gegenseitig Vorwürfe. Hugo geht mit Bingo spazieren. Er macht sich viele Gedanken über Fabian. «Der Junge nützt die Situation ganz gehörig aus», denkt er. Als Hugo nach Hause kommt, zieht er sich in sein Zimmer zurück. Drei Tage weicht Hugo Fabian aus und spricht kein Wort mit ihm. Die Stimmung zu Hause ist bedrückt. Vor dem Schlafengehen sagt Hugo zu Fabian: «Wir müssen herausfinden, was zwischen uns nicht in Ordnung ist.» Die Mutter ist auch dieser Meinung. Hugo poltert und verwirft die Arme: «Wenn dir etwas nicht passt, rennst du zu deinem Vater. Dein Vater hat aber gar keinen Platz für dich.» «Hugo, jetzt bist du ungerecht, das darfst du nicht sagen. Wir hatten abgemacht, dass du dich nicht einmischst», beschwichtigt die Mutter. «Ich kann einfach nicht so tun, als ob mich das nichts angeht. Wenn ich lange zuwarte und nichts sage, kommt es nicht gut heraus. Ja, dann komme ich mir vor wie in frisch gewaschene Jeanshosen gesteckt, die jeden Moment platzen werden.» Mutter und Fabian müssen lachen. Hugo packt Fabian und sie raufen sich. Hugo drückt Fabian fest an sich. Alle drei müssen lachen.

Tut das gut, lachen zu können. Übrigens ist da ja noch jemand – Silvia Neukomm, die neue Frau des Vaters. Seit einiger Zeit kommen die Kinder viel besser aus mit ihr. Sie mischt sich weniger in die Dinge zwischen Vater und Kindern ein. Sie hat Sophie, auf deren Wunsch hin, das Weben beigebracht und mit Fabian und Klein-Anna hat sie ab und zu einen Kuchen gebacken. Die Kinder stehen Silvia natürlich weniger nah als Hugo Gut, aber in der Zwischenzeit finden sie sie ganz o.k.

«WIE SOLLEN WIR DICH BLOSS NENNEN?»

«Bei beiden Buben ist die Verletzung nicht so schlimm», sagt der Arzt beruhigend zu Frau Gut, «aber das musste ja so kommen.» Die beiden sind mit geschlossenen Augen Velo gefahren. Weit sind sie jedenfalls nicht gekommen. «Die Medikamente für Bastian gebe ich am besten seiner Mutter. Und hier ist die Salbe, Herr Gut Junior», sagt der Arzt zu Fabian. «Ich heisse nicht Gut, ich bin Fabian Tausend», reklamiert der kleine Patient. «Ja, wissen Sie, Herr Doktor, ich bin geschieden und Fabian ist mein Sohn aus erster Ehe», erklärt die Mutter.

Zu Hause müssen die Buben des Langen und Breiten ihre Unfallgeschichte erzählen. Mutter will den Vater von Fabian informieren. Beim Abendessen möchte Fabian von der Mutter wissen, weshalb sie dem Doktor nicht gesagt habe, dass sie nicht die Mutter von Bastian sei. «Mir gefällt es auch nicht, wenn Bastian dir Mams-Elisabeth sagt.» «Tu doch nicht so dämlich», ruft Sophie dazwischen. «Ich sag auch hie und da Hugo-Paps, das hört sich ganz gut an. Ich finde es auch in Ordnung, dass ich Tausend heisse und nicht Gut. Ich bin ja auch bei Lehrern und Freundinnen unter diesem Namen bekannt. Es ist sogar lustig zu beobachten, wie die Leute manchmal ganz komisch auf die verschiedenen Namen unserer Familie reagieren.»

Vor allem ältere Kinder reden den Stiefvater oder die Stiefmutter oft mit dem Vornamen an, wie das Sophie und Fabian und Bastian tun. Es gibt noch andere Bezeichnungen für Stiefmütter oder Stiefväter. Trage hier deinen bevorzugten Namen ein:

Kosenamen wie zum Beispiel Mams-Elisabeth oder Hugo-Paps werden von Kindern bevorzugt. Immer wieder kommt es vor, dass Stiefväter/Stiefmütter von den Stiefkindern erwarten, mit «Papa» oder mit «Mama» angesprochen zu werden. Die meisten Kinder fühlen sich dabei aber gar nicht wohl. Wenn du in einer solchen Situation bist, möchten wir dir Mut machen zu sagen, wen du wie nennen möchtest.

Am Anfang dieses Buches haben wir dir verschiedene Familienformen vorgestellt. Du konntest dabei sehen, dass die verschiedenen Familien ihre guten und ihre weniger guten Seiten haben. So ist es auch mit der neuen Familie, mit der «Patchwork-Familie». Sie ist einfach eine andere Art von Familie. In Patchwork-Familien gehören Kinder zu mehr als einer Familie. Sophie, Fabian und Klein-Anna fühlen sich der Familie von Mutter und der Familie von Vater zugehörig. Auch Bastian hat zwei Familien, die seines Vaters und die seiner Mutter, welche anderswo wohnt. Du siehst, das ist eine ganz interessante Zusammensetzung. Es gibt viele Erwachsene, die Mühe haben mit ihrer Patchwork-Familie und so tun, als wären sie eine gewöhnliche Familie. Eine Patchwork-Familie ist keine besondere, aber eine «andere» Familie und dazu eine interessante. Im Grunde gibt es vier Formen von Patchwork-Familien:

Hier handelt es sich um eine Frau ohne Kinder, die einen Mann mit Kind heiratet und damit Stiefmutter wird. Stiefmutter zu sein ist nicht einfach. Von ihr wird oft erwartet, so zu tun wie eine richtige Mutter, die das Kind selbst geboren hat.

DIE STIEFVATERFAMILIE:

Sie kommt am häufigsten vor, weil mehr Mütter als Väter die Kinder zur Betreuung haben. Auch Stiefväter haben es nicht leicht. Von ihnen wird oft verlangt, dass sie den leiblichen Vater ersetzen. Das können Stiefkinder meist schlecht akzeptieren.

DIE ZUSAMMENGESETZTE PATCHWORK-FAMILIE:

Eine zusammengesetzte Patchwork-Familie ist beispielsweise die Familie Gut/Tausend. Beide, Herr und Frau Gut, bringen Kinder aus der vorangegangenen Ehe mit. Das ist fast vergleichbar mit zwei kleinen Schulklassen, die zusammengeschlossen werden. Aus diesen zwei Klassen eine andere, eine neue Klasse aufzubauen, bringt am Anfang viel Unruhe, Betrieb, aber auch interessante, neue Erfahrungen mit sich.

DIE PATCHWORK-FAMILIE MIT GEMEINSAMEN KINDERN:

Wenn zum Beispiel Herr und Frau Gut noch ein gemeinsames Kind bekämen, wäre das eine solche Familie. Ein gemeinsames Kind kann die Stiefgeschwister untereinander verbinden. Oft sind Halbgeschwister aber auch eifersüchtig auf dieses Kind – wie das ältere Geschwister halt oft auch sind.

Hier hast du die Gelegenheit, Fotos von demjenigen Elternteil, der nicht bei dir zuhause lebt, aufzukleben. Wenn du keine Fotos finden kannst, so versuche, ihn zu zeichnen, zu malen oder zu beschreiben, was dir an ihm gefällt.

Wenn du bereits in einer anderen Familie lebst, kannst du hier auch von dieser Familie ein Foto aufkleben.

Du hast gesehen, dass es nebst vielen Familienformen auch ganz verschiedene Patchwork-Familien gibt. Das Leben in einer Patchwork-Familie kann interessant, spannend und für alle Familienangehörigen ein Gewinn sein. **Merke dir aber: Auch von den weniger guten Erfahrungen kannst du viel lernen.**

Nun wollen wir deine neue Familie etwas näher anschauen. Du bist in der besonderen Situation, zwei Familien zu haben. Es gibt Kinder, die nicht gerne über die frühere Familie reden. Du hast aber ein Recht darauf, gut von deiner früheren Familie zu denken, auch wenn du glaubst, dass dies dein Stiefvater, deine Stiefmutter nicht so gerne sieht.

Schreibe auf, woran du gerne denkst, wenn du dich an deine erste Familie erinnerst:

In meiner jetzigen Familie gefällt mir:

In meiner jetzigen Familie gefällt mir weniger:

Und was könnte man besser machen:

Familie Gut/Tausend organisiert hin und wieder Familienzusammenkünfte. Da wird geschwatzt, gelacht, gespielt und gesungen. Die Kinder mögen dieses Zusammensein. Wer Lust hat, erzählt ein Erlebnis, einen Witz oder etwas ganz Alltägliches. Meist wird auch das Fernsehprogramm besprochen, wer sich was wann ansehen kann. Selbstverständlich kommen auch die Besuche von Sophie, Fabian und Klein-Anna beim Vater und von Bastian bei der Mutter zur Sprache. Es gibt meist ein gutes Dessert, welches die Kinder selber machen dürfen. Es ist auch schon vorgekommen, dass Bastians Mutter, Lisa Richtig, eingeladen wurde.

Vielleicht hast du noch eine andere Idee für einen Familienabend?

Bestimmt interessiert es dich, was andere Kinder, die sich in der gleichen Situation befinden, denken und wie sie sich helfen.

– Schliesslich haben sich die Eltern scheiden lassen und nicht ich mich von ihnen. Jetzt geht es etwas besser mit dem Stiefvater. Am Anfang habe ich viel heulen müssen wegen ihm. Wenn ich Sehnsucht nach dem Vater habe, schaue ich das Fotoalbum an von früher. Das ist ein Geschenk von meiner Mutter. (Jürg, 12)
– Wenn alle auf mir herumtreten und an mir reissen und mich alles ankotzt, nehme ich mein Tonband und schwatze darauf, was mir gerade in den Sinn kommt, das tut gut. (Esther, 11)
– Zuerst hatte ich gehörig Angst, dass mir der Stiefvater nun auch noch die Mama wegnimmt. Er hat auch ein eigenes Kind mitgebracht. Ich finde es gut, nicht mehr allein zu sein. Wenn wir Streit haben, gehe ich zu meiner Mutter und meine Stiefschwester zu ihrem Vater. Ich kann nicht alles meiner Mutter sagen. Wenn ich nicht guter Laune bin, dann schreibe ich in mein Tagebuch. (Martina, 11)
– Ruth kann von mir doch nicht verlangen, dass ich sie eins, zwei, drei, fertig los, einfach lieben kann. Ich glaub schon, dass sie das versteht. Wenn die Spannung zu gross wird, muss ich schreien. Am liebsten am Bach, da hört mich niemand. (Rolf, 12)
– Mein Stiefvater mischt sich nicht so viel in meine Sachen ein. Er mag mich. Das ist Spitze! (Heini, 9)
– Am Anfang ist der neue Freund meiner Mutter ins Badezimmer gekommen ohne anzuklopfen. Das hat mich gestört, obwohl er sonst nett ist. Ich habe es dann meiner Mama gesagt und seither ist das nicht wieder vorgekommen. (Manuela, 11)
– Der Name «Stiefvater» ist phantasielos. In Italien kennen wir dies nicht. Wir sagen da einfach «padrigno». Ich habe oft Heimweh nach dem Vater, der in Italien lebt. Wenn ich sehr traurig bin oder Heimweh habe, dann bete ich oder höre mir die Kassetten an, auf die mein Vater und seine Familie gesprochen haben. (Petra, 12)
– Meinen Stiefvater stört es nicht, wenn ich hin und wieder mit meinem Computer «maile» und mit meinem Papa Kontakt aufnehme. Das ist für mich okay. (Theo, 13)

– Das Schwierige ist, dass ich nicht den lieben darf, den ich wirklich mag: das ist mein Vater, der nicht bei mir lebt. Einmal habe ich laut herausgeheult. Ich war selbst erstaunt, wie gut mein Stiefvater reagiert hat. Seither komme ich viel besser mit ihm aus. (Hans, 12)
– Mein Stiefvater hat viel Humor. Das gefällt mir. (Susanne, 10)

Du siehst, alle brauchen viel Zeit, bis sie in einer Patchwork-Familie zurecht kommen und sich wohl fühlen. Auch wenn es am Anfang schwierig ist, du wirst es schaffen! Viele Kinder in dieser Situation werden aktiv und tun etwas für sich, zum Beispiel:

– sich mit dem ausserhalb lebenden Elternteil per E-Mail austauschen
– Tagebuch schreiben
– Fotoalbum von früher ansehen
– Sport treiben
– malen
– spielen und basteln
– Musik hören
– mit einer Zeitung auf die Bettdecke schlagen
– im Keller, im Wald oder am Bach laut singen
– ____________________
– ____________________

Wenn du traurig oder wütend bist, wenn du eine schlechte Laune hast, dann versuche für dich herauszufinden, wie du für dich etwas tun kannst, was dir gut tut:

Ich helfe mir, indem ich ...

____

Ich versuche ...

____

Ich wünsche mir...

____

Zum Schluss möchten wir noch speziell den Kindern etwas sagen, die nicht gut von einem Elternteil denken, weil zum Beispiel der Vater oder die Mutter einander geschlagen oder sich nicht um die Kinder gekümmert haben. Ein Elternteil, der schlägt oder zu viel Alkohol trinkt, ist nicht von Grund auf einfach schlecht. Es gibt viele Gründe, weshalb Eltern krank oder verbittert sind, die Nerven verlieren, schlagen und sich nicht um ihre Kinder kümmern. Es ist traurig, aber wahr: Es gibt Eltern, die sich nicht um ihre Kinder kümmern. Wenn das bei dir zutrifft, so musst du wissen, dass dies nicht deine Schuld ist. Schau dich um, es gibt bestimmt jemand, mit dem du über deine Situation sprechen kannst. Vielleicht findest du auch jemand, der oder die dir das geben kann, was du von deinem Vater/deiner Mutter nicht bekommen kannst.

Möglicherweise lebst du mit einer Stiefmutter oder mit einem Stiefvater zusammen, die/den du gern magst. Das ist gut so. Aber vielleicht überlegst du: «Wie kann das gut sein und wie kann ich gut von mir denken, wenn ich schlechte Eltern habe?» Niemand kann nur Gutes über Eltern zu sagen. Jedes Kind denkt ab und zu nicht gut von Vater oder Mutter und ist zum Beispiel wütend oder verärgert. Das ist völlig normal. Dazu wollen wir dir etwas sagen, das etwas schwer zu verstehen ist. Wir glauben jedoch, dass Kinder mit deiner Erfahrung es begrei-

fen werden: Auch wenn du deinen Eltern gegenüber Enttäuschung, Wut, Hass oder Verachtung empfindest und du dir deswegen nicht so gut vorkommst, tust du deshalb nichts Schlechtes. Solche Gedanken und Gefühle gehen, wie sie gekommen sind. Höre nicht auf Gedanken, die dir sagen, dass du deswegen nichts wert bist. Auch wenn du Schwieriges erlebt hast, kannst du gut von dir denken und dich selber gern haben. Wir wissen, dass auch aus sehr schwierigen Familienverhältnissen zufriedene, wertvolle Kinder wachsen können.

Nun hast du dieses Buch fertig gelesen. Wir hoffen, dass es dir etwas genützt oder gar geholfen hat!

Bestimmt geht es dir nicht genau gleich wie Sophie, Fabian und Klein-Anna. Es kommen bei dir zu Hause wahrscheinlich Dinge vor, welche in diesem Buch nicht beschrieben sind. Vielleicht hast du das Gefühl, dass es nicht immer so leicht geht, wie es im Buch dargestellt worden ist. Kinder müssen bei den meisten Scheidungen wirklich sehr viel Schwieriges durchmachen. Es ist etwas Schlimmes für ein Kind, wenn seine Eltern nicht mehr zusammen sind. Am Anfang wollen die meisten Kinder nichts von der Trennung wissen. Später sind sie gereizt und wütend und wehren sich dagegen, bis sie merken, dass sie nichts tun können, um es zu verhindern. Es macht sehr traurig zu wissen, **dass die Eltern nie mehr zusammenleben werden.** Übrigens stimmt es nicht, dass Kinder von geschiedenen Eltern später mehr Probleme als andere Kinder haben, Drogen nehmen, selbstmordgefährdet sind oder psychisch krank werden, später nicht glücklich mit einem Partner, einer Partnerin zusammenleben können und schlechte Eltern werden. Das stimmt alles nicht! Auch wenn deine Eltern nicht mehr zusammenleben, hast du trotzdem viele Möglichkeiten, eine interessante Zukunft zu gestalten, unabhängig davon, wie die Vergangenheit gewesen ist, oder wie dein Leben im Moment aussieht. Die Auswirkungen einer Scheidung sind in einigen Dingen positiv, in andern Dingen negativ: Im besten Fall bekommst du als Kind zwei Familien und fühlst dich in beiden wohl. Auch der schlimmste Schmerz geht irgendwann vorbei und plötzlich kannst du auch die positiven Auswirkungen einer Scheidung nach Jahren des Streites in der Familie sehen. Eine Trennung kann dir ermöglichen, zu beiden Eltern wieder eine bessere Beziehung zu finden.

Gerade die schwierigen Erlebnisse im Leben können helfen, stärker und reifer zu werden. Jedes Kind wird nach der Scheidung seine Familie und seine Umgebung anders anschauen und es wird sich stärker fühlen, wenn alles vorbei ist und der Vergangenheit angehört. Wir möchten dir noch einmal in Erinnerung rufen:

- Du bist nicht der Grund für die Scheidung deiner Eltern. Damit hast du nichts zu tun. Das ist alleine die Entscheidung von Vater und Mutter!
- Du kannst auch die Scheidung deiner Eltern nicht verhindern!
- Die meisten Väter und Mütter haben ihre Kinder noch genauso lieb wie vor der Trennung und daran wird sich auch in Zukunft nichts ändern!

Wenn du dich wegen der Trennung der Eltern bedrückt, traurig oder verzweifelt erlebst, möchten wir dich ermutigen:

Schätze es, dass du Möglichkeiten hast, Schwierigkeiten in deinem Leben zu überwinden!

Zweifle nicht an deinen Fähigkeiten, du hast mehr davon, als du glaubst!

Richte deine Aufmerksamkeit mehr auf das, was gut ist und dir Freude und Spass macht!

Sei lieb mit dir selbst, ermutige dich, du bist nicht allein!

Höre auf die leise Stimme in deinem Herzen, die dir sagt: «Du bist in Ordnung, du bist ‹ok›». Und wenn du diese Stimme nicht hörst, dann sag es dir laut oder singend: «Ich bin in Ordnung, ich bin ‹ok›»!